Anselm Grün

Wandern

ANSELM GRÜN

Wandern

Mehr als Unterwegssein

VIER TÜRME

Inhalt

Einleitung

Wandern ist heute wieder modern geworden. Viele nehmen sich einen ganzen Tag Zeit, um draußen unterwegs zu sein. Zahlreiche Menschen und Vereinigungen werben für das Wandern als sinnvolle, erholsame und gesunde Freizeitbeschäftigung. Allerorten sieht man Wanderer mit Rucksack und Stiefel durch die Lande ziehen. Was treibt sie alle auf den Weg? Ist es nur das Bedürfnis nach Bewegung, nach einem gesunden Gegengewicht zur bewegungsarmen Arbeit am Schreibtisch? Ist es das neue Gespür für die Natur? Kehrt die Romantik wieder zurück mit ihrer Verherrlichung des wandernden Gesellen? Oder entsteht eine neue »Wandervogelbewegung«, wie sie um 1900 die deutsche Jugendbewegung hervorgebracht hat? Vielleicht trifft von all dem etwas zu. Sie alle wollen sich freigehen von ihren alltäglichen Problemen und haben das Gefühl, dass ihr Kopf dabei wieder frei und aufnahmefähig wird.

Auch Pilgern ist wieder modern geworden. Der Pilgerweg nach Santiago de Compostela ist auch heute noch oft überlaufen. Seit Hape Kerkeling im Jahr 2006 sein Buch »Ich bin dann mal weg« über seinen Pilgerweg nach Santiago de Compostela veröffentlicht hat, entstand ein regelrechter Run auf diesen Weg. Das Buch hat sich inzwischen einige Millionen Mal verkauft. Das zeigt, dass die Sehnsucht nach einer längeren Wanderung viele bewegt. Doch wie können wir diese Sehnsucht verstehen? Wonach sehnen sich die Menschen, wenn sie sich ein paar Tage frei nehmen, um in der Natur zu sein?

Da ist einmal die Sehnsucht nach einer Auszeit, die man sich vom alltäglichen Leben gönnt. Man möchte aus dem Hamsterrad aussteigen und etwas ganz anderes tun, einfach nur wandern, ohne dass man dabei eine Leistung vollbringen müsste.

Eine andere Sehnsucht zielt auf das einfache Leben. Auf eine Wanderung kann man nicht viel mitnehmen. Da muss man sich bewusst einschränken, damit der Rucksack nicht zu schwer wird. Auf einmal spürt man, mit wie wenig man auskommt.

Wieder eine andere Sehnsucht bezieht sich auf die Erfahrung der Natur. Wir wandern hindurch, nehmen ihre Schönheit wahr. Wir genießen es, durch schöne Landschaften zu spazieren. Aber wir erleben auch die Hitze des Tages, wenn die Sonne auf uns brennt, heftige Regenschauer und Wind, die uns nur schwer vorankommen lassen. Wir kommen der Natur näher und erfahren, dass wir selbst ein Teil davon sind. Die Natur bewertet nicht, sie lässt uns einfach sein, wie wir sind.

Wir begegnen uns selbst, wenn wir länger wandern. Wir wandern uns frei von den alltäglichen Sorgen und Problemen. Und wir sind in dieser Zeit »offline«, nicht erreichbar, dafür aber im Hier und Jetzt anwesend. Indem wir einfach gehen, spüren wir uns selbst, begegnen wir uns selbst, kommen wir zu uns selbst.

Dabei wählen wir bewusst einen Weg. Der Weg hat in allen Kulturen und Religionen eine tiefere Bedeutung. Das chinesische Wort »Tao« heißt Weg. Der Schweizer Psychiater Carl Gustav Jung meint, eigentlich könne man es gar nicht übersetzen: »Das chinesische Zeichen für Tao ist zusammengesetzt aus dem Zeichen für ›Kopf‹ und dem Zeichen für ›Gehen‹. [...] ›Kopf‹ dürfte auf das Bewusstsein deuten, das ›Gehen‹ auf ›Weg zurücklegen‹. Die Idee wäre demnach ›bewusst gehen‹ oder ›bewusster Weg‹.«[1] Taoismus heißt also eigentlich: Lehre des Weges.

Aber auch in der Bibel ist ständig vom Weg die Rede: Im Alten Testament sollen die Israeliten auf dem Weg gehen, den der Herr, ihr Gott, ihnen vorgeschrieben hat (vgl. Deuteronomium 5,33). Die Psalmbeter bitten Gott immer wieder, dass er ihnen den rechten Weg zeige (Psalm 25,4), damit ihr Herz nicht in die Irre gehe (Psalm 95,10). Dabei sind sie voller Vertrauen, dass Gott sie auf ihren Wegen schützt: »Denn er befiehlt seinen Engeln, dich zu behüten auf all deinen Wegen« (Psalm 91,11). Im Neuen Testament nennen die Christen zu Beginn ihre Lehre abgrenzend zum jüdischen Glauben den »neuen Weg« (Apostelgeschichte 22,4 in der Übersetzung der Einheitsübersetzung 1980).

Auch in der spirituellen Tradition wird unser Leben oft als Pilgerweg oder als Aufstieg zum Berg Karmel (Johannes vom Kreuz) bezeichnet. Indem wir wandern, erahnen wir etwas vom Geheimnis unseres Lebensweges. Die Philosophen sprechen auch von Denkwegen. Der Theologe Romano Guardini meinte einmal, dass er sich seine wichtigsten Gedanken ergangen hat. Im Umfeld der Burg Rothenfels, auf der Guardini tätig war, gibt es heute noch den Philosophenweg, den er gerne ging, wenn er dort Kurse für Jugendliche gab. Auf diesem Weg sind viele seiner Ideen geboren worden, die er dann später in seinen Büchern niederschrieb. Der Philosoph Friedrich Nietzsche hat wohl eine ähnliche Erfahrung gemacht, wenn er meint, wir sollten keinem Gedanken trauen, der uns im Sitzen kommt.[2]

Reisen ist jedoch etwas anderes als Wandern. Man reist, um an ein Ziel zu kommen – man wandert hingegen aber, um unterwegs zu sein, um auf dem Weg zu bleiben. So sehen viele Menschen das Wandern als Sinnbild für ihr Leben. Es ist ebenfalls ein Weg. Schritt für Schritt geht jeder seinen eigenen, trägt seine Lasten mit. Es gibt Umwege, Irrwege, Durststrecken, beschwerliche und leichte Wege. Man geht miteinander, wir gehen aufeinander zu. Wir gehen Wege, die andere schon vor uns gegangen sind, und machen auf dem Weg unsere eigenen Erfahrungen.

Wenn wir mit anderen gemeinsam wandern, spüren wir untereinander eine tiefe Verbundenheit, entsteht Gemeinschaft. Als ich noch in der Jugendarbeit aktiv war, bin ich zehn Jahre lang im Sommer jeweils eine Woche mit Jugendlichen durch den nahegelegenen Steigerwald gewandert. Zwischendrin haben wir bewusst eine Stunde lang geschwiegen. Die Woche, in der wir gemeinsam unterwegs waren, hat uns zusammengeschweißt. Einer war für den anderen verantwortlich. Wir nahmen Rücksicht, wenn manche Probleme mit ihren Füßen bekamen oder mal nicht so fit waren, um alle Wege mitzugehen. Und wir haben gemeinsam die Strapazen bewältigt. Das hat uns in einer tiefen Weise miteinander verbunden.

Beim Wandern wird die Gemeinschaft neu erfahrbar. Die körperliche Anstrengung verbindet miteinander, stärker, als das manchmal Gespräche vermögen. Menschen verschiedenster Prägung wachsen beim Wandern zusammen, sie werden solidarisch, Weggefährten. Wandern formt den Menschen mit Leib und Seele. Alle Sinne werden angesprochen. Der ganze Mensch ist einbezogen, er erfährt sich auf dem Weg, lebendig, noch einer Wandlung fähig. Er wird als ganzer erfahren, als ganzer gewandelt.[3]

Für viele hat das Wandern auch eine religiöse Seite. Daher machen sich heute nicht nur viele Menschen auf den Weg in die Natur, sondern es gibt auch ein neues Interesse für Pilgerwege und Wallfahrten. Religiöse Wanderkurse werden heute allerorten angeboten und ziehen viele Jugendliche an. Auf dem Jakobsweg nach Santiago de Compostela sammeln sich Wegsucher aus der ganzen Welt, nicht nur junge Menschen, sondern gerade auch solche in der Lebensmitte und jene, die einen Weg aus einer Krise suchen.

In dieser Absicht ist auch Paulo Coelho diesen alten Pilgerweg gegangen. Mit seinem Buch »Auf dem Jakobsweg«[4] hat er Millionen von Lesern erreicht und in ihnen die Neugier auf diesen Weg geweckt. Die vielen Menschen, die auf den alten oder neuen Pilgerstraßen wandern, erwarten sich davon eine innere Verwandlung. Die Christen unter ihnen erhoffen auf ihrem Pilgerweg eine intensivere Begegnung mit Christus. Sie wollen ein Stück Christus nachfolgen, ihm nachgehen, von ihm beim Wandern mehr erfahren als durch Bücher und Vorträge. Sie wollen seine Existenz begreifen – die eines Wanderpredigers, der drei Jahre lang sozusagen ohne festen Wohnsitz durch Palästina zog. Sie wollen etwas erahnen von der Kirche als einer Weggemeinschaft, vom pilgernden Volk Gottes.

Das Zweite Vatikanische Konzil hat die Kirche als das wandernde Gottesvolk bezeichnet. Wir gehen mit allen Menschen, ganz gleich, ob gläubig oder nicht, ganz gleich, welcher Religion sie angehören, den Weg durch diese Welt. Wir sprechen auf gleicher Augenhöhe mit ihnen und suchen gemeinsam wandernd nach dem Geheimnis unseres Lebens und nach dem Geheimnis, das uns alle umschließt, nach Gott.

In diesem Buch möchte ich auf der einen Seite die rein menschliche und weltliche Seite des Wanderns beschreiben, dann aber bewusst auch die spirituelle Seite. Daher werden in diesem Buch viele Texte aus der Heiligen Schrift und aus der monastischen Tradition herangezogen, die uns helfen sollen, das Wandern in seiner religiösen Dimension zu verstehen, als eine Weise leibhafter Meditation unserer christlichen Existenz, als Einübung unseres Glaubens, der seit Abraham wesentlich eine Wegstruktur hat: Ausziehen aus dem Vertrauten und sich aufmachen in das Land der Verheißung.

Man kann den Glauben auf verschiedene Weise einüben: Man kann darüber nachdenken und es sich bewusst machen, was es heißt, zu glauben, auf Gott in allen Situationen seines Lebens zu vertrauen. Man kann Texte aus der Bibel lesen, die einen den Glauben verstehen lassen. Man kann ein einzelnes Schriftwort meditieren und in sich hineinfallen lassen. Oder man kann einfach auf die Stille hören und schweigend meditieren.

Man kann den Glauben aber auch lernen, wenn man auf seinen Leib hört, sich im Leib einübt in das rechte Atmen, in die rechte Gebärde. Das Gehen gehört zu letzterer Form der Meditation. Es ist eine Meditation im Leib und mit dem Leib. Wenn der Glaube in der Bibel mit Begriffen wie »ausziehen, pilgern, unterwegssein« ausgedrückt wird, so kann man etwas von seinem Wesen verstehen, indem man sich auf den Weg macht. Unsere Begriffe für etwas wurzeln häufig in körperlichen Erfahrungen. Und man kann an den Kern der Begriffe nicht bloß durch Reflexion herankommen, sondern auch, indem man die Erfahrungen wiederholt, aus denen sie gebildet werden.

In diesem Sinn ist das Gehen ein Versuch, den Glauben einzuüben, sich den Glauben zu ergehen. Dabei gibt es verschiedene Methoden:

Die erste ist, das Gehen selbst als Meditation zu nehmen. Man versucht, ganz bewusst zu gehen und im Gehen zu spüren, was man da eigentlich tut. Man braucht es nicht mit Inhalten zu befrachten, über die man währenddessen nachdenken will, sondern das Gehen selbst ist Meditation. Indem ich bewusst gehe, übe ich den Glauben ein, wie ihn die Heilige Schrift beschreibt: als ausziehen, unterwegssein, auf Gott hin pilgern. Diese Form der Meditation werden wir vor allem bei den ersten Mönchen finden.

Eine zweite Methode, die ebenfalls von den Mönchen praktiziert wurde, besteht darin, dass man mit einem Wort unterwegs ist. Gehend wiederholt man beständig das gleiche Wort, meistens einen Psalmvers, häufig einen, der mit dem Gehen zu tun hat und es uns tiefer verstehen lässt.

Die dritte Methode ist ähnlich. Doch man ist nun nicht mit einem Wort unterwegs, sondern mit einer Geschichte. Wir werden in der Heiligen Schrift viele Weggeschichten finden. Man kann sich mit einer solchen auf den Weg machen und wird sich gehend in die Geschichte hineinverwickeln, sich in die Rollen der Geschichte hineingehen und sich so den Sinn und die Erfahrung der Geschichte ergehen. Man nimmt selbst teil an der Geschichte, erfährt ihre heilende oder erhellende Wirkung an sich selbst.

Die vierte Methode, gehend zu meditieren, verbindet die körperliche Bewegung mit einer geistigen Anstrengung. Gehend denkt man über das nach, was man eigentlich tut. Man überlegt, was das im Letzten bedeutet: auf dem Weg, Pilger sein, Fremdling zu sein auf dieser Erde, auf Gott zuzugehen. Was sagt das über uns, über unser Leben aus?

Indem man darüber nachdenkt, was man gehend tut, kommen einem neue Erkenntnisse und Einsichten. Doch diese Einsichten bleiben nicht im Kopf, sondern fließen im Gehen auch in den Leib. Die Einsicht wird zur Erfahrung. Wer fährt, also unterwegs ist, wird erfahren, wer wandert, ist bald bewandert. Im Gehen nachzudenken verbindet daher Aktion und Kontemplation, Wissen und Erfahrung, es verhindert ein Auseinanderfallen von Geist und Leib. Der Begriff wird mit Leben gefüllt. Er wird leibhaft und verändert so Geist und Leib zugleich.

Vom Glück des Wanderns

So heißt der Titel eines Buches, das der Philosoph Albert Kitzler über das Wandern geschrieben hat. Er verbindet darin das Unterwegssein mit Einsichten der griechischen Philosophie, aber auch mit der Weisheit des Ostens, vor allem mit Gedanken der chinesischen Philosophie. Auf dem Weg kommen dem Philosophen nicht nur die besten Gedanken. Das Wandern selbst ist eine Form der inneren Bewegung, die für die Lebendigkeit des Menschen notwendig ist. Wir sagen auch: Ein Mensch ist stehen geblieben auf seinem Weg. Er hätte weitergehen sollen. Aber er hatte nicht den Mut dazu. So gehen die Menschen nun an ihm vorüber und auch die Welt zieht an ihm vorbei. Er nimmt nicht mehr teil am Leben. Es erstarrt. Unser Leben bleibt nur lebendig, wenn wir immer weitergehen. Es gibt zwar Rast auf dem Weg, aber kein Stehenbleiben für immer. Das wäre Stillstand: Es bewegt sich nichts mehr in uns und um uns.

Das Wort »wandern« hat die gleiche sprachliche Wurzel wie das Wort »wandeln«. Wer wandert, wandelt sich. Das Ziel der Verwandlung ist, immer mehr in die einmalige Gestalt hineinzuwachsen, die Gott für mich geschaffen hat. Das Wandern befreit mich von Bildern, die mir die Menschen übergestülpt haben und die das ursprüngliche Bild in mir verdunkeln.

Im Wandern werde ich aber auch frei von den Bildern, die ich mir selbst von mir gemacht habe. Es gibt viele Bilder, die mich am Leben hindern, etwa das des Perfektionismus oder das des coolen Mannes, oder der erfolgreichen Frau, die alles im Griff haben. Wandern bedeutet, sich von allen Bildern zu befreien, die das ursprüngliche und unverfälschte Bild in mir trüben, damit ich immer mehr zu mir komme, immer mehr ich selbst werde. Das Ziel des Wanderns ist nicht, an einem bestimmten Ort, sondern bei sich selbst anzukommen.

In der Psychologie spricht man heute von der »Heldenreise« und meint damit den Weg der eigenen Selbstwerdung, den Weg zu seinem wahren Selbst. Carl Gustav Jung meint: »Die Heroen sind häufig Wanderer: das Wandern ist ein Bild der Sehnsucht, des nie rastenden Verlangens, das nirgends ein Objekt findet, des Suchens nach der verlorenen Mutter.«[5] Letztlich ist es die Sehnsucht nach Heimat, nach Geborgenheit. So gehen wir nicht auf ein konkretes Ziel hin, sondern auf Heimat zu. Das hat der romantische Dichter Novalis verstanden, wenn er in einem seiner Romane schreibt: »Wohin denn gehen wir? – Immer nach Hause.«[6] Unser Weg führt letztlich immer hin zu einem Ort, an dem wir uns zu Hause fühlen. Das kann ein äußerer Ort sein, aber dieser steht letztlich für einen inneren Raum: den Raum der Heimat in unserem Herzen. Das erfahren wir insbesondere bei Wallfahrten. Denn Wallfahrtsorte sind häufig Marienheiligtümer. Maria steht für das Mütterliche Gottes. Sie ist Bild für die Heimat, in der wir uns geborgen fühlen wie einst als Säugling bei der Mutter.

Das Wandern in der Natur, besonders im Wald, hat aber nicht nur spirituelle, sondern nachweislich auch gesundheitlich gute Gründe. Es tut unserer Seele wie auch dem Leib gut. Wie japanische Wissenschaftler festgestellt haben, kann das sogenannte Waldbaden Stress abbauen und das Immunsystem stärken. Ärzte sprechen von der gesundheitsfördernden Wirkung des Wanderns, des Sich-Bewegens. Wandern ist vor allem eine gute Prävention für Depressionen. Psychologen sprechen in diesem Zusammenhang heute von einer naturbasierten Therapie: Indem ich draußen unterwegs bin, komme ich in Berührung mit heilenden Erinnerungen aus meiner Kindheit, die mit der Natur im Zusammenhang stehen.

Wer heute wandern geht, für den steht die spirituelle Dimension des Wanderns häufig nicht im Vordergrund, sondern eben eher der gesundheitliche oder sportliche Aspekt von Bewegung in der Natur. Viele spüren aber auch, dass das Wandern ihnen hilft, das Denkkarussell zu durchbrechen und neue, kreative Ideen zu entwickeln. Zudem spüren sie, dass sie im Hier und Jetzt ankommen und das Gehen nicht nur dem Körper, sondern auch der Seele guttut.

Die heilende Wirkung der Natur hat für mich verschiedene Aspekte. Zum einen bewertet sie nicht. Ich gehöre als Mensch zu ihr, bin ein Teil alles Lebendigen. Sie nimmt mich an, wie ich bin. Gerade für Menschen, die sich schwertun, sich selbst anzunehmen, ist es heilsam, sich in der Natur einfach wahrzunehmen als einer oder eine, die so sein darf, wie sie ist. Die Natur hat etwas Mütterliches. Ich fühle mich also nicht nur angenommen, sondern auch getragen und geborgen. Wenn ich in der Natur raste und mich auf eine Wiese oder den Waldboden lege, dann fühle ich mich getragen. In diesem Augenblick vergeht mir alles Bewerten meiner eigenen Person und meines Tuns. Ich bin einfach. Das ist befreiend. Einen anderen Aspekt der heilenden Kraft der

Natur können wir erfahren, wenn wir uns vorstellen: Der Wind durchweht mich und treibt alles Verstaubte und Verbrauchte aus mir heraus. Er streichelt mich aber auch zärtlich. Die Lebenskraft, die ich in den Blumen und Bäumen wahrnehme, ist ebenso in mir. Ich spüre neue Kraft und Lebendigkeit, wenn ich durch die Natur wandere. Die Sonne scheint auf mich, durchströmt mich mit Wärme und Liebe. Alles, was ich in der Natur erlebe, wird zum Symbol für mich selbst und meine eigene Lebendigkeit.

Ein anderer Aspekt der heilenden Kraft der Natur ist ihre Schönheit. Wenn ich achtsam durch die Landschaft wandere, entdecke ich sie überall: die Schönheit der Berge und Täler, der Bäume und Blumen, der harmonischen Landschaft. Wenn ich auf der Bank an der Kapelle in der Nähe von Aidling sitze und in die Landschaft schaue, so habe ich das Gefühl: Die Schönheit tut mir gut. Sie dringt in mich ein.

Der irische Schriftsteller John O'Donohue hat versucht zu erklären, warum Schönheit so heilsam für uns ist. Er nennt sie »die Heimat des Herzens. Wenn es in Schönheit weilen kann, ist das Herz daheim«.[7] Wenn wir etwas schön finden, haben wir das Gefühl, dass wir nach Hause kommen: »Es ist so, als wären wir im Exil, und die Heimat käme für eine Weile zu Besuch.«[8] Sich zu Hause zu fühlen befreit uns von der inneren Zerrissenheit. Daheim zu sein bedeutet: Wir fühlen uns zugehörig. Und dieser Ort der Zugehörigkeit, den wir in unserem Herzen spüren, wenn wir etwas Schönes betrachten, wirkt heilend auf uns. Donohue erklärt das so: »Wenn wir den Ort unserer Zugehörigkeit in uns haben, sind wir zentriert und frei. Selbst der wütendste Sturm des Leidens oder der Verwirrung wird uns dann nicht heimatlos machen. Selbst wenn wir uns im Strudel der Ruhelosigkeit befinden, wird uns ein Ort in uns unerschütterlichen Halt geben.«[9]

Die heilende Wirkung des Wanderns geht zum anderen aber auch von der Bewegung aus, die uns innerlich in Bewegung hält. Sportmediziner sagen, dass das Wandern fast den gleichen Energieumsatz wie das Joggen bewirkt. Wandern senkt das Risiko für Herz- und Kreislauferkrankungen, stärkt die Knochen und Gelenke und das Immunsystem. Und es baut Stresshormone ab und hat auf diese Weise eine positive Auswirkung auf die Psyche.

Allerdings sollte das Wandern nicht verzweckt werden. Wenn wir nur wandern, damit wir unsere Gesundheit stärken, verfälschen wir es. Das Wissen um die gesundheitsfördernde Wirkung können wir im Hinterkopf behalten. Entscheidend ist jedoch, dass wir uns auf das Wandern einlassen, dass wir ganz im Augenblick sind, in der Bewegung, im Schauen auf die Natur. All die Wirkungen, die das Wandern auf uns hat, dürfen durchaus eine Motivation für das Wandern sein. Aber wichtiger ist es, einfach loszugehen und dabei zu spüren, was sich in mir bewegt. Dass ich zum Beispiel freier werde, das Grübeln sein lassen, die Zeit genießen kann. Oder dass ich schaue, welche Erfahrungen ich mit mir selbst mache, wenn ich unterwegs an meine physischen und psychischen Grenzen stoße. Im Wandern verstehe ich immer mehr das Geheimnis meines Lebensweges. Er hält mich in Bewegung, er ist aber auch endlich und wird einmal für immer enden. Wichtiger als die Gedanken über das Wandern sind die Erfahrungen, die jeder damit macht. Alle Gedanken, die in diesem Buch entfaltet werden, wollen den Leser und die Leserin in Berührung bringen mit der Weisheit der eigenen Seele, mit dem, was wir selbst in unserem Leib und in unserer Seele spüren, wenn wir uns wandernd auf den Weg machen.

Unterwegs sein – eine mönchische Tradition

Neben den Mönchen, die ihr Leben lang in einer Zelle blieben, um sich in Schweigen und Gebet, in Fasten und Arbeit immer mehr für Gott zu öffnen, gab es in der Antike und im frühen Mittelalter auch Mönche, die das ständige Umherwandern als ihr Ideal ansahen. Sie verstanden sich als »peregrini«, als Pilger, als Fremde in dieser Welt. Doch nicht nur die herumziehenden Mönche, sondern alle Mönche betrachteten sich als solche. Der lateinische Begriff »Peregrinatio« ist eines der Schlüsselworte zum Verständnis des alten Mönchtums.

Die Bedeutung des Wortes »Peregrinatio«

»Peregrinatio« stammt in seiner Wortwurzel vom lateinischen »ager« (Acker) und meint eine Reise oder einen Aufenthalt auf dem Land, auf dem Acker, in der Fremde, dort, wo man gewöhnlich nicht lebt. Wesentlich für die Peregrinatio ist die Abwesenheit von Heim, Haus und Vaterland. Sie kann dabei sowohl den Vorgang des Reisens und Wanderns als auch den Aufenthalt, das Wohnen im fremden Land bezeichnen. Das Gleiche gilt vom Zeitwort »peregrinari«, das pilgern, wandern wie auch in der Fremde sein ausdrücken kann. Die Lateiner übersetzten mit diesem Begriff das griechische Wort »xeniteia«.

»Xenos« meint im Griechischen den Fremden, den Ausländer, aber auch den Gastfreund.[10] Der Fremde wirkt als der Andersartige, Nicht-Durchschaubare befremdend, beängstigend, unheimlich. Und ebenso wirkt auf ihn die Fremde bedrückend und bedrohend. Der Fremde ist anfangs immer auch der Feind, daher vogelfrei, rechtlos. In der Fremde zu sein heißt daher auch im Elend zu sein. Darum war es für alle antiken Religionen ein Gebot, den Fremden als den rechtlosen Armen aufzunehmen, ihm Gastfreundschaft zu gewähren. Der Fremde steht unter dem besonderen Schutz der Götter. Die Religion hat hier die alte Vorstellung von der Schutzlosigkeit des Fremden überwunden.

Im Christentum spielt die Gastfreundschaft eine große Rolle. Christus wird immer wieder als Gast eingeladen und kann gerade als solcher bei den Menschen seine Frohe Botschaft verkünden. Seine Jünger können ihre Sendung nur erfüllen, weil ihnen immer wieder Gastfreundschaft gewährt wird. Christus gibt der Gastfreundschaft ein neues Motiv: Er selbst ist der Fremdling, den man beherbergt. Damit vertieft er die in der Antike verbreitete Anschauung, dass himmlische Wesen von den Menschen aufgenommen und bewirtet werden. Dieses Motiv klingt noch in Hebräer 13,2 nach, wenn hier die Gastfreundschaft damit begründet wird, dass durch diese einige, ohne es zu wissen, Engel beherbergt haben. Für die Christen wird Gastfreundschaft zur Liebe zu Christus. Im Fremden begegnen sie ihm selbst und nehmen ihn in ihr Haus auf. Im Gericht werden sie gefragt, ob sie im Fremden Christus gesehen und ihn wie Christus behandelt haben (Matthäus 25,31–46).

Christus bezeichnet sich als Fremden, als einen, der nichts hat, wo er sein Haupt hinlegen kann. Dabei beschreibt er sein Fremdsein mit einem Sprichwort, das auch den Griechen bekannt war: »Die Füchse haben Höhlen und die Vögel des Himmels Nester; der Menschensohn aber hat keinen Ort, wo er sein Haupt hinlegen kann« (Lukas 9,58). Im Gegensatz zum Tier ist der Mensch unbehaust. Die Welt ist ihm fremd. Das hat zwei Wurzeln: Für die Griechen ist der Mensch in dieser Welt ein Fremder, weil seine Seele in der Welt des Geistes beheimatet ist. »Der Leib oder auch die ganze Welt ist dann gleichsam eine Herberge, in der der himmlische Fremdling, die Seele, nach göttlicher Ordnung auf Zeit einkehrt.«[11] Das Lebensgefühl des griechischen Weisen ist daher Angst vor der fremden Welt und Sehnsucht nach der himmlischen Heimat.

Die Bibel sieht die Fremdheit des Menschen anders. Der Mensch ist durch die Sünde Gott gegenüber entfremdet worden. Seit dem Sündenfall ist ihm auch die Welt keine Heimat mehr. Er wurde aus dem Paradies vertrieben und muss nun durch die Welt wandern. Im Paradies war er zu Hause, da konnte er wohnen. Nun ist ihm die Welt feindlich geworden. Er kann sich nirgends für immer niederlassen. Jetzt ist er wesentlich ein Wanderer, ein Fremder.

Christus steht im Neuen Testament für den Fremden, weil er nicht aus dieser Welt kommt. Er wohnt in dieser Welt als Fremdling gleichsam in einem Zelt (vgl. Johannes 1,14). Die Welt versteht ihn nicht. In

Christus geht Gott selbst in die Gottfremde, damit wir nun Hausgenossen Gottes werden (vgl. Epheser 2,19). Doch als Hausgenossen Gottes leben wir hier ebenfalls als Fremde, wie Schafe unter Wölfen (vgl. Matthäus 10,16). Wir können uns nicht häuslich niederlassen, sondern nur sind als »Fremde und Gäste«[12] (vgl. 1 Petrus 2,11) in dieser Welt.

Deutungen der Peregrinatio

Im alten Mönchtum werden immer wieder die gleichen Bibelstellen herangezogen, um den Begriff der Peregrinatio zu erklären.[13] Da ist zum einen Genesis 12,1–3, hier geht es um den Auszug Abrahams aus seiner Heimat, seiner Verwandtschaft und seinem Vaterhaus; zum anderen Matthäus 19,21.29, das Verlassen von Haus, Brüdern, Schwestern, Vater, Mutter, Frau und Kindern wird zur Bedingung der radikalen Nachfolge Jesu, ebenso der Verkauf allen Besitzes, der bei Antonius am Anfang seiner Berufung steht. Außerdem wird die Peregrinatio mit den Worten Jesu von der Selbstverleugnung und Kreuzesnachfolge in Verbindung gebracht (Matthäus 16,24, Markus 8,34, Lukas 9,23): »Wenn einer hinter mir hergehen will, verleugne er sich selbst, nehme täglich sein Kreuz auf sich und folge mir nach.« Die Nachfolge Jesu bedeutet, ebenso wie er fremd zu sein in dieser

Welt, durch diese Welt zu wandern, ohne einen Ort zu haben, an dem man sich niederlassen kann.

Aus der Erklärung dieser Stellen durch die monastischen Autoren lassen sich vier verschiedene Bedeutungen der Peregrinatio ablesen: Auszug, Wandern (Unterwegssein), Leben in der Fremde und Wandern auf ein Ziel zu. Die Entfaltung dieser vier Deutungen soll aufzeigen, wie wir das Wandern als Einübungen unseres Glaubens verstehen können.

Peregrinatio als Auszug

Die Mönche zogen von zu Hause aus. Voraussetzung für ein Leben als Pilger ist das Verlassen der Eltern und des heimatlichen Bodens. Je weiter man sich von der Heimat entfernt, desto leichter, so meinen vor allem die irischen Mönche, komme man an das Wesen der Peregrinatio heran, desto mehr werde das Leben eine Suche nach der himmlischen Heimat. So heißt es von irischen Mönchen: »Indem sie die Heimat verließen, begannen sie, nach der himmlischen Heimat zu suchen.«[14] Und von Martin von Verton, einem französischen Mönch und Einsiedler des 6. Jahrhunderts, wird gesagt: »Allein das Himmlische suchend macht er sich auf den Weg zu weit entfernten und ihm unbekannten Gegenden.«[15]

Der Auszug aus der Heimat wird für die Mönche zur Bedingung, Christus nachzufolgen. Und in dieser Nachfolge lassen sie alles zurück, um arm und nackt zu werden wie Christus. So heißt es an einer Stelle von Mönchen, dass sie den Boden der Heimat, den Reichtum und die Eltern verlassen, um nackt dem nackten Christus zu folgen *(nudos nudum Christus sequi).*[16] Und an einer anderen Stelle: »Er verließ den Vater und den Ort seiner Geburt, er verzichtete nach dem Wort des Evangeliums auf alle Freuden und Güter dieser Welt, nahm nackt das Kreuz auf sich, verleugnete sich selbst und folgte Christus.«[17]

Was der Auszug für den Mönch bedeutet, das haben die Väter in ihrer Auslegung von Genesis 12,1 entfaltet. Cassian, Ambrosius und Hieronymus sprechen dabei von einem dreifachen Auszug, indem sie den Worten Heimat, Verwandtschaft und Vaterhaus eine je eigene Deutung geben[18]:

»Zieh aus aus deiner Heimat« – Das heißt: Verzichte auf jeden Besitz, auf irdischen Reichtum und auf die Möglichkeiten, die die Welt dir bietet. Hier geht es um ein körperliches Verlassen der Heimat. Der Mönch befreit sich aus den Bindungen an zu Hause, an die Familie, ja an alle Menschen. Er wandert aus aus seiner Heimat und lässt die Menschen zurück, mit denen er zusammengelebt hat und die ihm

ans Herz gewachsen sind. Er lässt auch seine Habe zurück und entscheidet sich bewusst für ein Leben in Armut.

»Zieh aus aus deiner Verwandtschaft.« – Cassian deutet diesen Auszug als Absage an das alte lasterhafte Leben, an die früheren Gewohnheiten und die Gefühle, die man in der Vergangenheit empfunden hat. Wer auszieht, muss seine Vergangenheit hinter sich lassen, er darf sich nicht immer wieder in die Gefühle der Kindheit zurückversetzen, sondern muss sich von ihnen lösen, um offen zu sein für die Gegenwart, um auf seinem Weg voranschreiten zu können. Ambrosius deutet die Verwandten als Sinne, von denen es Abschied zu nehmen gilt. Wer innerlich vorankommen will, der muss sich von den äußeren Eindrücken frei machen und den Weg nach innen gehen, den Weg ins eigene Herz, in dem Gott in ihm wohnt. Ambrosius zeigt mit seiner Deutung, dass es den Mönchen wesentlich um einen inneren Weg geht, um ein Näherkommen zu Gott.

»Zieh aus aus deinem Vaterhaus.« – Diesen Auszug versteht Cassian als Absage an das Sichtbare und Vergängliche und als Hinwendung zum Ewigen und Zukünftigen: »Indem wir nun im Herzen aus diesem zeitlichen und sichtbaren Haus ausziehen, richten wir unsere Augen und unseren Geist auf jenes

[Haus], in dem wir dauerhaft bleiben werden.«[19] Der Mönch soll auswandern aus dem Denken an diese Welt (*ex memoria mundi huius*), sein Geist soll allein an Gott denken. Cassian zitiert in diesem Zusammenhang das Wort aus dem Philipperbrief: »Unsere Heimat ist im Himmel« (Philipper 3,20). Das Herz soll sich bereits hier an Gott, an den Himmel klammern und sich nicht mehr um das Irdische sorgen.

Ambrosius versteht den Auszug aus dem Haus des Vaters als Auszug aus dem Haus des Wortes. Der Geist schafft sich im gesprochenen Wort eine Behausung: Das Haus des Geistes ist das gesprochene Wort. Der Geist wohnt in unserem Reden und lenkt unsere Worte.[20] Wir fühlen uns im Reden zu Hause, wir sind darin mit der Welt verbunden, haben teil an ihr, an ihren Neuigkeiten, an ihren Geschäften und an ihren Sorgen und Kämpfen. Der eigentliche Auszug aus dieser Welt ist für Ambrosius daher das Schweigen. Im Schweigen lässt der Mönch die Bindung an diese Welt los, er mischt sich nicht mehr in die Geschäfte ein, er nimmt Abschied von ihr, um sich allein Gott zu widmen und auf ihn hin zu wandern. Die Mönche identifizieren die Pilgerschaft mit dem Schweigen. So sagt ein Altvater: »Die Pilgerschaft besteht im Schweigen.«[21] Es geht den Mönchen also im Auswandern wesentlich um eine innere Haltung, um das Freiwerden von der Bindung an diese Welt, wie sie das Sprechen darstellt. Diese innere Freiheit kann man auch erwerben, ohne ständig herumzuwandern. So wird das Ideal der Peregrinatio vergeistigt. Nun konnten sich auch die Mönche, die zeit ihres Lebens in einer Zelle wohnten, als Peregrini, als Pilger bezeichnen, da sie den entscheidenden Auszug aus der Welt im Schweigen und in der Einsamkeit vollzogen hatten.

Im Schweigen löst sich der Mönch aus der Gemeinschaft der Menschen. Er geht bewusst in die Einsamkeit. Die Mönche ziehen aus der Heimat aus, um ein einsames Leben zu führen. Sie suchen das »Inkognito«, sie wollen unerkannt, von niemandem beachtet durch die Welt ziehen. Von Willibald heißt es, dass er *peregrinationis ignotitiam*, das Unbekanntbleiben des Pilgers suchte.[22] Der Pilger ist unbekannt, oft verkannt, er lebt freiwillig außerhalb der Gemeinschaft und damit auch außerhalb jeglichen Rechtsschutzes. Er hat sich von der Gemeinschaft gelöst, von allen Bindungen an sein Volk, an seine Familie, um vollständig mit der Welt zu brechen und allein für Gott zu leben, *sibi solique deo*, wie es in einer Formel heißt, für sich und Gott allein.[23]

Für die Wandermönche des Mittelalters, vor allem für die irischen Mönche, war das Einüben des dreifachen Auszuges, wie Cassian, Ambrosius und

Hieronymus ihn beschreiben, an das tatsächliche Wandern gebunden. Indem sie gingen, zogen sie aus aus allen Bindungen und Abhängigkeiten. Auch für uns kann das Wandern eine leibhafte Meditation unseres Auszuges und damit unseres Glaubens werden. Denn der Auszug Abrahams ist ja schon für den Hebräerbrief zur Grundstruktur unseres Glaubens geworden: »Aufgrund des Glaubens gehorchte Abraham dem Ruf, wegzuziehen in ein Land, das er zum Erbe erhalten sollte; und er zog weg, ohne zu wissen, wohin er kommen würde« (Hebräer 11,8). Indem wir wandern, verstehen wir nicht nur mit dem Verstand, was Cassian als den Auszug unseres Glaubens deutet, sondern wir kommen mit unserem Leib an das Wesen des Auszuges heran, wir üben ihn ein mit Leib und Seele, mit Verstand und Gefühl. Dabei muss ich während des Gehens gar nicht ständig an die inhaltliche Bedeutung des Auszuges denken, ich muss also nicht überlegen, woraus ich jetzt ausziehen sollte. Indem ich mich dem Gehen überlasse, vollziehe ich schon den Auszug. Ich wandere mich frei von allen Bindungen und Abhängigkeiten, von der Bindung an Menschen, die ich gernhabe, die mir Geborgenheit schenken, bei denen ich daheim sein möchte, von der Bindung an Menschen, auf deren Anerkennung und Lob ich warte, an deren Reaktion ich bei all meinem Tun immer wieder denke. Ausziehen heißt, die Menschen hinter sich zu lassen, die mir wichtig geworden sind, ihr Lob und ihren Tadel, ihre Liebe und ihren Hass vergessen. Ich darf nicht bei den Menschen bleiben, sondern muss von ihnen weggehen, um wirklich den Weg gehen zu können, auf den Gott mich ruft. Wenn ich wandernd ständig an die Menschen denke, die mir lieb geworden sind, dann bleibe ich letztlich zu Hause; ich mache mich nicht wirklich auf den Weg. Mein Gehen bringt mich nur äußerlich voran, doch mein Herz bleibt stehen.

Es geht den Mönchen um den inneren Weg. Und auf diesen Weg mache ich mich nur, wenn ich mich »freigehe« von allem, was mich daran hindert, ich selbst zu sein. Wandernd muss ich die Rollen ablegen, die ich spiele, die Masken fallen lassen, die mein Wesen verdecken und entstellen. Wer bin ich, der da geht, wenn all das Zufällige wegfällt, wenn nicht mehr zählt, was ich geleistet habe, was ich bei den Menschen gelte? Wandernd gehe ich mich hinein in mein Wesen, in meine Wahrheit, in meinen Kern. Was die Menschen von mir halten, ist nicht wichtig, das fällt beim Gehen ab. Was ist mein Kern, wer bin ich wirklich vor Gott? Im Wandern ziehe ich aus aus allem Zufälligen und mache mich auf den Weg zu mir selbst, auf den Weg zu Gott, zu meinem Gott, zum Gott meines Lebens.

Ich brauche beim Wandern nicht ständig darüber nachzudenken, was mich bindet und wovon ich abhängig bin und wie ich davon freiwerden könnte. Beim Gehen kommen einem zwar viele Gedanken und vieles wird einem auch gedanklich klarer. Doch das Wandern als leibhafte Meditation meint etwas anderes: nicht eine Meditation über etwas, sondern eine Einübung in etwas. Im Wandern übe ich den inneren Auszug. Ich gehe mich hinein in eine innere Freiheit. Indem ich mich dem Gehen überlasse, ziehe ich aus aus dem, was mich gefangenhält, ich ziehe aus aus Gewohnheiten, die mich fesseln, aus Bindungen an Menschen, ohne die ich nicht leben kann, aus der Unfreiheit, in die mich meine Bedürfnisse und Wünsche gebracht haben, ich lasse meinen Besitz hinter mir, Komfort und Bequemlichkeit.

Ich verzichte auch auf den Kontakt mit Menschen. Für sie bleibe ich eine Zeitlang unerreichbar. So ziehe ich aus aus der Welt, aus der Verbindung mit ihr, und gehe in eine immer größere Freiheit hinein, in die Freiheit des Glaubens, der sich an nichts festhält, außer an Gott.

Peregrinatio als Unterwegssein

Die *monachi peregrini* (Wandermönche) des Mittelalters verbrachten ihr Leben damit, von einem Ort zum andern zu wandern. Wandern wurde zu ihrer Lebensform. Sie wollten sich nirgends niederlassen, aus dem Glauben heraus, dass wir hier keine Bleibe haben. Sie banden sich an keinen Ort und an keinen Menschen, weil sie allein an Gott gebunden sein wollten. Sie wollten an ihrem eigenen Leib erfahren, was Christus von sich sagte, dass er nichts hatte, wo er sein Haupt hinlegen könne (vgl. Lukas 9,58).

Die Wandermönche verließen nicht nur ihre Heimat, sie suchten sich auch keine neue. Sie blieben heimatlos. Der Grund ihres ständigen Unterwegsseins war ihr Glaube an die Verheißung der kommenden Welt, auf die sie zugingen. Die Erwartung des wiederkommenden Herrn prägte ihr Leben auf Schritt und Tritt. Sie lebten so existenziell auf das Kommende hin, dass sie mit ihrem Wandern der Gefahr entlaufen wollten, sich an das Sichtbare zu binden und sich hier bleibend einzurichten. Augustinus erhellt ihre Mentalität mit einem treffenden Wort: »*praesens mundus peregrinatio est, habitatio est autem, quae sequitur* – Die gegenwärtige Welt ist Pilgerschaft. Heimat ist erst die kommende.«[24]

Der Verzicht auf jede Bleibe ist Ausdruck des Glaubens, dass unsere eigentliche Bleibe der Himmel ist. Erst dort können wir uns niederlassen, können wir wohnen, erst dort ist Heimat, in der man sich geborgen und aufgehoben weiß, in der man von sich sagen kann, dass man endgültig angekommen ist.

Als Grund ihres Wanderns geben die Mönche den Herrn an. Sie wandern Christi wegen. Bonifatius sagt, der Herr sei der Grund seiner Peregrinatio.[25] In den Lebensbeschreibungen der irischen Mönche finden sich häufig ähnliche Formeln. Sie wandern wegen des Namens des Herrn, Christi wegen, aus Liebe zu Christus, aus Liebe zur himmlischen Heimat, wegen des Heiles der Seele.

Für die Mönche ist das Wandern ein innerer Weg, ein Prozess, der auf sich genommen werden muss, damit man zu seiner Selbstverwirklichung gelangt. So sagt Bessarion in einem Väterspruch: »Ich muss unentwegt umherirren, und so meinen Lauf vollenden.«[26] Er muss also wandern, um innerlich weiterzukommen. Das äußere Unterwegssein ist für Bessarion notwendig, um innerlich auf dem Weg zu bleiben. Wandernd übt er ein, dass er auf Christus zugeht, dass er sich immer mehr von der Welt und von sich selbst löst, um Gott näherzukommen.

Das ständige Gehen, die gleichmäßige Bewegung, der man sich überlassen kann, ohne viel zu denken, kann zu einem Reinigungsweg werden. Man kann vieles abfallen lassen. Innere Unruhe legt sich, das, was einen gerade noch geärgert oder aufgewühlt hat, kommt zur Ruhe. Man geht sich frei von aller Unrast und von allem Unrat der Seele. Viele Menschen machen die Erfahrung, dass sie durch das Gehen ruhiger werden, ruhiger, als wenn sie sich schweigend hinsetzen würden. Gerade für den nervösen und hektischen Menschen ist das Wandern hilfreicher als das stille Sitzen. Im Gehen kann er leichter abschalten.

Der dänische Philosoph Sören Kierkegaard hat die Erfahrung gemacht, dass er sich jeden Kummer, ja sogar jede Krankheit »weggehen« kann: »Vor allem verliere nie die Lust am Gehen! Ich gehe jeden Tag zu meinem Wohlbefinden und entferne mich so von jeder Krankheit. Ich habe mir meine besten Gedanken ergangen, und ich kenne keinen noch so schweren Kummer, den man nicht weggehen kann.«[27]

Woher hat das Gehen diese Fähigkeit, uns von Krankheit und Kummer zu befreien? Im Gehen sind wir ständig in Bewegung und so kann sich auch in unserem Geist etwas bewegen. Die gleichmäßige Bewegung der Füße, die den Boden immer wieder berühren und sich von ihm wieder abheben, ermöglicht das Abgehen von Spannungen, die sich im Leib festgesetzt haben und immer auch seelische Konflikte ausdrücken. So geht man sich die Unruhe und den Kummer weg und wird immer ruhiger und ausgeglichener. Indem man bewusst die Füße aufsetzt und abrollt, lässt man alles abfließen, was den Leib und damit auch die Seele verspannt, verkrampft, verunreinigt. Man fühlt sich nach dem Wandern wie innerlich gewaschen, aufgeräumt. Der Müll ist »weggegangen«.

Wandern ist gerade für Menschen heilsam, die depressiv veranlagt sind. Statt über sich nachzugrübeln, kann es helfen, sich richtig körperlich anzustrengen. Durch Nachgrübeln kommt man oft nicht weiter, man gerät in einen Teufelskreis, aus dem man nicht mehr ausbrechen kann. Im Wandern wage ich mich da heraus. Ich bleibe nicht mehr nur im Kopf, im Denken und Grübeln, in dem ich mich selbst nicht wahrnehme und spüre, sondern oft neben mir stehe, mich aus einer gewissen Distanz heraus beobachte und manchmal gar nicht mehr weiß, wer ich bin.

Im Wandern werde ich wieder eins mit meinem Leib. Ich spüre meine Beine, meine Arme, meinen Puls, ich schwitze, ich spüre Leben und Kraft in mir. Dieses Spüren entreißt mich der Depression, die mich am liebsten verschlingen möchte. Wer wandert, der lässt sich nicht verschlingen, er löst sich aus dem Sog der Gedanken, die einen ängstigen und einen wie eine dunkle Wolke überfallen. So haben schon die Mönche geraten, nach draußen zu gehen, wenn einen unangenehme Gedanken bedrängen und das Nachdenken über sie nicht mehr weiterhilft.[28]

Peregrinatio als Unterwegssein bedeutet, dass wir nicht stehenbleiben, dass wir uns nirgends niederlassen, sondern immer weitergehen. Wir möchten gerne ab und zu stehenbleiben, an dem erreichten Punkt ausruhen, an unseren Erfolgen festhalten, auf unserem Besitz sitzen bleiben, uns wohnlich niederlassen. Im ständigen Weitergehen üben wir das innere Weitergehen ein. Wir geben uns nicht zufrieden mit dem Erreichten. Wir lassen uns auf einen Weg ein, der uns ständig wandelt. Wandern und Wandlung hängen schon sprachlich zusammen. Wer wandert, wandelt sich mit jedem Schritt. Er bleibt nicht der Gleiche. In ihm bewegt sich etwas. Wandern und wandeln haben die gleiche Wurzel, nämlich »wenden«. Es geht beim Wandern um eine innere Wende, um eine Umkehr. Umkehr bleibt nicht einmalig, sondern beständiger Auftrag. Wandern heißt »wiederholt wenden«, sich ständig wandeln.[29]

Wer sich dem Gehen überlässt, der kann leibhaft spüren, was es heißt, sich immer weiter zu wandeln, nicht stehenzubleiben, nichts festzuhalten und so nichts vorweisen zu können. Wer wandert, wer fährt, der »erfährt« sein Wandern als Wandlung und seinen Weg als ständige Bewegung, in die er selbst hineingenommen wird. Er kann sich nicht heraushalten. Er lässt sich auf eine innere Wandlung ein, auf einen Weg, der einen Schritt für Schritt zwingt, auch innerlich weiterzugehen. Letztlich führt uns dieser Weg zu Gott, vor dem wir nie stehenbleiben können, auf den hin wir immer unterwegs sind und bei dem wir erst im Tod ankommen.

So sagt Origenes, dass jene, die auf den Wegen der Weisheit wandeln, kein festes Haus haben; sie sind mit Zelten unterwegs und eilen vorwärts, doch je weiter sie gelangen, desto länger erstreckt sich der Weg vor ihren Füßen und verliert sich im Unendlichen.[30] Unser Weg endet erst im Unendlichen, bei Gott, dem Ziel unseres Wanderns. So ist uns jedes Stehenbleiben verwehrt. Augustinus schreibt: »Du bist tot an dem Tage, da du sprichst: ›Es ist genug!‹ Darum tu immer mehr, gehe immer vorwärts, sei immer unterwegs; niemals gehe zurück, und weiche nie vom Wege ab.«[31]

Peregrinatio als Leben in der Fremde

Wer den Auszug aus der Heimat und dem Vaterhaus vollzogen hat, der ist ein *monachus peregrinus*, auch wenn er nicht ständig umherwandert. Er führt dann sein Leben als Fremder, als einer, der sich nirgends in dieser Welt festsetzt und heimisch fühlt. Dieses Leben eines Fremdlings kann man auch in einer Gemeinschaft führen. Die Alten sprechen sogar vom Kloster als dem Ort der Pilgerschaft, einem *locus peregrinationis*.

Vom Iren Fursa († 649) sagt Beda, dass er überall, wo es ihm gut schien, für den Herrn ein Leben der Pilgerschaft führen wollte.[32] Entscheidend ist, dass man auch an einem festen Ort das Fremdsein durchhält, dass man sich nicht an die Dinge dieser Welt bindet, sondern auch an seinem festen Platz mit dem Herzen auf Gott zugeht. Der Ort, an dem man lebt, wird nicht zu einem Nest, in dem man sich niederlässt und wohlfühlt, sondern zu einem Ort der »Fremdlingschaft«, der asketischen Heimatlosigkeit, wie Hans von Campenhausen die Haltung des alten Mönchtums beschreibt.[33]

Der eigentliche Auszug geschieht nicht aus den Orten der Heimat, sondern aus sich selbst. Sich selbst muss man verlassen, aufgeben, das Kreuz muss man auf sich nehmen, um sein Leben als Weg, als Nachfolge Christi verstehen zu können. Diesen Auszug kann man auch in einem Kloster, an einem festen Ort vollziehen. So wird das Ideal der Fremdlingschaft immer mehr verinnerlicht. Wir haben auszuziehen aus dem Land der Sünde, des Egoismus, aus dem eignen Ich, und wir sollen einziehen in das Land, das Gott uns zeigen will, in das Land der Tugend, das in uns selbst ist, wie Smaragd von Saint Michel sagt.[34]

Doch auch dieses verinnerlichte Ideal der Peregrinatio bleibt von äußeren Bedingungen geschützt. Die erste Bedingung ist das räumliche Verlassen der Heimat. Die Nähe der Verwandten betrachten alle monastischen Autoren als hinderlich für das wahre Fremdwerden gegenüber der Welt. Der Auszug aus dem eigenen Ich verlangt für die Mönche äußere Auszüge. Sonst wird der innere Auszug nicht gelingen.

Hier zeigt sich, dass es den Mönchen nicht auf ein äußeres Tun ankommt, sondern auf eine innere Haltung. Nicht die Menge der gewanderten Kilometer zählt, sondern die Freiheit, in die der Auszug und das Unterwegssein führen. Das Gehen bewirkt nicht automatisch diese Freiheit, aber es kann uns in sie einüben. Im Gehen bin ich nirgends daheim, lasse ich mich nirgends nieder. Ich lasse die schönsten Landschaften hinter mir. Ich will die Eindrücke nicht festhalten. Ich gehe durch diese Welt hindurch wie durch etwas Vorläufiges.

Dieses Verständnis von Wandern unterscheidet sich wesentlich von unserer heutigen Sicht: Wir wollen etwas erleben, von dem wir dann erzählen können. Die Mönche ziehen nicht durch die Welt, um Neues zu erleben, sondern um neu zu werden. Sie wollen im Gehen ihren Glauben einüben, dass sie Fremdlinge und Pilger auf dieser Erde sind, dass nicht die Erde mit all ihrer Schönheit, sondern allein Gott ihre Heimat ist.

Glauben heißt, die Welt übersteigen auf Gott hin, der Welt fremd werden und sich auf den Weg zu Gott machen. Wir haben hier keine bleibende Stätte, sondern wir sind immer unterwegs als Pilger. Was uns auf dem Wege hält, das ist die brennende Sehnsucht nach der Heimat. Diese Sehnsucht zeigt sich für Augustinus im Singen. So wie die Israeliten im Land ihrer Fremdlingschaft die Lieder ihrer Heimat sangen, so fordert es Augustinus von den Christen: »O Söhne des Friedens, ihr Söhne der katholischen Kirche, die ihr auf der Straße geht und singt; wie die, die unterwegs sind, singen, um ihre Schmerzen zu betäuben; so singt auch ihr auf eurem Wege, singt ein neues Lied; keiner singe die alten Weisen! Die Liebeslieder eurer Heimat singt [...] wie die, die unterwegs sind, singen – meistens singen sie in der Nacht.«[35] Die Nacht ist hier Symbol für die Fremde, in der wir wandern. Im Wandern erfahren wir unsere Existenz als Leben in der Fremde. Wir sind wesentlich Fremdlinge in dieser Welt. Wir werden vergehen, sterben, die Welt verlassen. Der Tod ist die radikalste Verneinung der Welt als Heimat. »Wir sind nur Gast auf Erden und wandern ohne Ruh mit mancherlei Beschwerden der ewigen Heimat zu«, heißt es im bekannten Liedtext von Georg Thurmair.

Doch mitten auf unserem Weg haben wir schon teil am Ziel. Wir sind schon erlöst. Wir sind schon mit Christus auferstanden. Deshalb sollen wir im Singen des Alleluja das Ziel unseres Wanderns schon vorwegnehmen. Wie die Erlösten im Himmel, so sollen auch wir auf unserer Pilgerschaft das Alleluja singen: »Hier in der Hoffnung, dort in Erfüllung. Hier auf dem Weg, dort in der Heimat. Heute lasst uns singen, nicht um uns der Ruhe zu entfernen, sondern um in der Drangsal Trost zu finden. So wie Wanderer zu singen pflegen: Singe, aber schreite aus! Singend tröste dich in der Not, liebe die Verdrossenheit nicht! Singe und schreite aus! Mach Fortschritte im Guten! Singe und wandere! Geh nicht in die Irre, kehre nicht um, bleib nicht zurück!«[36]

So kann Augustinus unser Leben hier auf Erden als Wanderschaft beschreiben, als Leben in der Fremde, das aber doch von der Sehnsucht nach der Heimat durchdrungen ist, einer Sehnsucht, die das Singen des Alleluja wachhält. Im Singen, im Loben Gottes nehmen wir als Pilger schon die Verheißung des Zieles vorweg. Das Lob Gottes begleitet uns auf unserer Wanderschaft und hält uns lebendig.

Peregrinatio als Gehen auf ein Ziel hin

Der Auszug aus der Heimat, aus der Verwandtschaft und aus dem Vaterhaus ist für Abraham die Bedingung, in das Land zu ziehen, das Gott ihm zeigen will. So begeben sich auch die Mönche auf die Wanderschaft, um auf ein Ziel hinzugehen. Sie gehen nicht auf äußere Ziele zu, etwa zu Wallfahrtsorten, sondern ihr Ziel ist allein Gott. Der Psalmvers »Wir ziehen zum Haus des Herrn« (Psalm 122,1) prägt ihr Leben.

Augustinus sieht in diesem Vers das Wesen unserer christlichen Existenz ausgedrückt: »Wir gehen zum Hause des Herrn! Steht also auf und lasst uns eilen. Beeilen wir uns! Keiner hat das Recht, ermüdet zu sein, denn wir gehen dorthin, wo keine Müdigkeit uns mehr erreicht. Eilen wir zum Hause des Herrn, dass unsere Seele sich an jenen freue, die es uns verkünden: Sie haben die Heimat vor uns gesehen und rufen von ferne den Letzten zu: Wir gehen zum Hause des Herrn! Lauft und beeilt euch! Die Apostel haben gesehen und sprachen: Lauft, lasst uns gehen; wir gehen zum Hause des Herrn.«[37]

Für Augustinus ist unser Leben ein Weg zum Vater, zur Heimat in Gott. Für die Mönche, die ihr Leben lang wanderten, wird ihr Gehen zur beständigen Einübung ihres Glaubens, dass ihre Heimat im Himmel ist. Sie leben ihren Glauben bis in den Leib hinein. Sie spüren existenziell, dass diese Welt für sie keine Heimat sein kann, sondern dass sie auf Gott hin unterwegs sind.

Wer versucht, sein Wandern einmal unter dem Aspekt zu sehen, dass er auf Gott zugeht, der kann erfahren, wie relativ für ihn alles wird, was er hier auf Erden tut. Er geht über diese Welt hinweg auf Gott hin. Der Boden entschwindet immer wieder seinen Füßen. Er bietet ihm keinen festen Halt. Wir gehen immer weiter, alles bleibt zurück. Wir berühren diese Erde mit jedem Schritt, aber wir verlassen sie auch ständig. Wir spüren, dass wir nichts mitnehmen können in den Himmel. So gehen wir uns in eine Freiheit gegenüber der Welt hinein, die uns das Gefühl vermitteln kann: Alles, was wir hier arbeiten und erreichen, worum wir uns hier sorgen, wofür wir uns verantwortlich fühlen, all das vergeht, all das kann unser Wesen nicht ausmachen. Wir sind auf dem Weg auf ein größeres Ziel, auf Gott hin, vor dem all unser Sorgen und Mühen um die Dinge dieser Welt erst ins rechte Licht gerückt wird. Im Gehen geht uns das eigentliche Ziel unseres Lebens auf. Wir sind auf dem Weg zu Gott.

Diese Eigenschaft des Gehens, uns den Sinn und das Ziel unseres Lebens zu erschließen, lässt sich schon aus der Sprache herleiten. Das Wort »Sinn« bedeutet ursprünglich gehen, reisen, eine Fährte suchen, eine Richtung nehmen. Gehen heißt also, auf etwas sinnen, nach dem Sinn fragen, nach dem Ziel suchen. Wer sich auf den Weg macht, fragt nach dem Sinn seines Lebens. Im Gehen sucht er den Grund und das Ziel seines Unterwegsseins. Das Ziel unseres Gehens ist letztlich nie innerweltlich, wir gehen auf eine letzte Geborgenheit zu, auf eine Heimat, in der wir uns endgültig niederlassen können.

Novalis hat diesen Aspekt des Gehens, wie oben schon erwähnt, in seinem Roman »Heinrich von Ofterdingen« in die kurze Frage gefasst: »Wohin denn gehen wir?– Immer nach Hause.«[38] Unser Weg führt immer nach Hause, immer nach einer Heimat jenseits dieser Welt. Alles Ausruhen ist nur Symbol für das ewige Ausruhen. Hier müssen wir immer weiter, immer über das Sichtbare hinaus, immer nach Hause. Das Gehen kann zu einer leibhaften Einübung unseres Auf-Gott-Hin werden. Im Gehen rühren wir an unsere tief im Herzen sitzende Sehnsucht, über diese Welt hinwegzuschreiten auf die Heimat zu.

Carl Gustav Jung nennt das Wandern, wie oben schon gesagt, »ein Bild der Sehnsucht, des nie rastenden Verlangens, das nirgends ein Objekt findet, des Suchens nach der verlorenen Mutter«.[39] Die Suche nach der verlorenen Mutter ist für Jung die Suche nach dem Paradies, nun aber nicht als Regression, als ein Zurücksehnen nach einem früheren Zustand, sondern als Progression, als Sehnsucht nach einer letzten Geborgenheit. Diese Geborgenheit kann uns kein Mensch und keine Erde, sondern nur Gott bieten. Auf ihn gehen wir letztlich immer zu, wenn wir bewusst gehen.

Die Wallfahrt

Peregrinatio als monastischer Begriff bedeutet Pilgerfahrt, Pilgerschaft – nicht aber Wallfahrt. Bei der Wallfahrt verlässt man seine Heimat, um eine bestimmte heilige Stätte zu besuchen, dort um Hilfe zu bitten und dann wieder gestärkt nach Hause zurückzukehren.

Die Absicht, in die Heimat zurückzukehren, braucht jedoch bei einer Pilgerfahrt nicht vorhanden zu sein.[40] Pilgern kann ich das ganze Leben lang, ohne je wieder nach Hause zurückzukommen. Die alten Mönche waren Pilger, aber keine Wallfahrer. Wallfahrt war eher etwas, das mit ihnen geschah, denn es wallfahrten zahlreiche Menschen von Rom, Alexandrien, ja von überall her zu den berühmten Altvätern in die Wüste Ägyptens, um sich bei ihnen Rat zu holen.

Waren es zunächst erst Einzelne, die die Mönche in der Wüste aufsuchten, so entwickelten sich daraus ausgesprochene Wallfahrten zu den Säulenstehern in Syrien, vor allem zu Simeon, dem bekanntesten Styliten. Diese Wallfahrten hörten auch nicht auf, als Simeon starb, sie hafteten dem Ort an und nahmen sogar noch weiter zu.[41]

Das Phänomen der Wallfahrt gab es schon vor Christi Geburt. In Griechenland und Kleinasien pilgerten Menschen in Scharen zu Orten, an denen sie die Heilkraft Gottes erleben und seine Weisung im Orakel erfahren konnten. Viele zogen zu den Heilstätten des Asklepios, um dort Heilung von ihren Krankheiten zu erreichen, oder wallfahrten zu den Stätten des Apollo, um dort Auskunft über ihr Leben und ihre Zukunft und einen Rat für ihren Alltag zu bekommen. Man glaubte, die Götter würden an bestimmten Orten ihre besondere Wirkkraft entfalten.

Dieser Glaube hielt sich auch im Christentum. Man meinte nun, die enge Verbindung heiliger Menschen mit Gott zeige sich gerade an ihren Gräbern. Dort sei ihre Fürsprache besonders mächtig. Und so pilgerten die Christen bald zu den Märtyrergräbern, um in ihren Nöten Hilfe und Heilung zu finden. Oft ersetzten die christlichen Wallfahrtsorte die heidnischen Kulte des Asklepios oder anderer Gottheiten.

Es gibt offensichtlich besondere Kraftorte. Häufig sind sie an alten Wallfahrtsorten oder Kultorten zu finden. Sensible Menschen spüren, dass sie dort teilhaben an einer numinosen Kraft, die sie belebt und die sie öffnet für das Geheimnis allen Seins, für das Geheimnis ihres eigenen Lebens und für das Geheimnis Gottes.

Man macht sich auf den Weg, man nimmt Strapazen auf sich, bereitet sich durch Gebet und Bußübungen auf den Eintritt in den heiligen Bezirk des Wallfahrtsortes vor. Früher übernachtete man häufig in der Kirche, die über dem Grab des Heiligen gebaut war. Im Schlaf erhoffte man sich Eingebungen von Gott oder an der Heilkraft des Heiligen teilzuhaben, seine Nähe zu Gott zu teilen und dadurch von Krankheiten geheilt zu werden. Oft nahm man Reliquien des Heiligen oder Tücher, die man auf sein Grab gelegt hatte, mit auf den Weg, um den Schutz Gottes auch in seinem Alltag erfahren zu können.

Wenn man nach den Gründen fragt, warum Menschen in allen Religionen zu bestimmten Orten wallfahren, so wird man sie in der menschlichen Seele finden. Wir stellen uns Gott nach unserem Bild vor. Und wie wir Vorlieben haben für bestimmte Orte, so meinen wir, auch Gott bevorzuge einige Orte, an denen er besonders gegenwärtig und wirksam sei. Der Mensch möchte an der Wirkkraft Gottes teilhaben und pilgert daher zu den Orten, von denen er weiß, dass Gott da sichtbar erschienen ist.

Ein Hauptmotiv für die Wallfahrt ist der Wunsch, Gott deutlicher als sonst in seinem Alltag zu begegnen, und der Glaube, dass dies an ganz bestimmten Orten eher möglich sei. Weitere Motive sind die

Bitte in bestimmten Anliegen, die Hoffnung auf Erleuchtung und seelische Stärkung, das Vertrauen, am Wallfahrtsort geheilt zu werden. Viele unternehmen eine Wallfahrt, weil sie ihre oder fremde Sünden sühnen und einen neuen Anfang setzen wollen. Die Wallfahrt bedeutet ferner eine Intensivierung des Gebetes, ein Gebet mit Leib und Seele, bestätigt durch einen mühevollen Weg, unterstützt durch die Anstrengung des Fastens. Man geht nicht einfach zum Wallfahrtsort, wie man eine Wanderung oder eine Reise unternimmt. Man unterzieht sich erst besonderen Riten, man erbittet den Segen.

Während der Wallfahrt betet man und bereitet sich so auf die Begegnung mit Gott am heiligen Ort vor. Beten und Gehen gehören für die Wallfahrer zusammen. Betend geht man und gehend betet man. Thomas Ohm hat den Zusammenhang von Beten und Gehen in den verschiedenen Religionen untersucht.[42] Man geht zum Gebet, man bricht auf, verlässt die Welt und weltliche Tätigkeiten und geht hin zu Gott: »Aufstehen will ich, die Stadt durchstreifen, die Gassen und Plätze, ihn suchen, den meine Seele liebt.« (Hohelied 3,2).

Wer zu Gott geht, verrät, dass er nicht egoistisch in sich verharrt, nicht selbstgewiss in sich ruht, sondern dass er in Gott sein *summum bonum* (sein höchstes

Gut) und sein Glück sieht, dass er aus sich herausgeht und heraustritt.[43] Wenn man zum Gebet geht, soll man das in der rechten Haltung tun, ruhig, gelassen, aufrecht: »Habe acht auf deinen Fuß, wenn du hingehst zum Hause Gottes« (Kohelet 4,17 in der Übersetzung der Einheitsübersetzung 1980).

In vielen Religionen ist das Gehen selbst Gebet. Im Buddhismus kennt man unter den verschiedenen Methoden der Versenkung auch die des Gehens. Der Sinn des Gehens beim Gebet ist Unruhe zu Gott, Verlangen nach Gott, Umgang mit Gott. Das Gebet ist wesentlich Bewegung auf Gott hin, »ein unmitteliches Gehen des Geistes in Gott«, wie es Johannes Tauler formulierte. »Wenn wir uns innerlich zu Gott hin bewegen, bewegen wir uns sinnvoll auch äußerlich.«[44] Das Gehen hilft, beim Gebet auf Gott hin in Bewegung zu kommen. Die Wallfahrt ist ein betendes Gehen, das die Bewegung des Gebetes auf Gott hin unterstützt und intensiviert.

Doch auch am Ziel der Wallfahrt spielt das Gehen eine wichtige Rolle. Da gibt es Prozessionen mit dem Kultbild durch die Straßen der Stadt. An manchen Wallfahrtsorten kennt man einen Umgang. Mit diesem ehrt man die Gottheit, um deren Kultbild man herumgeht. Man will sie in seinen Gebeten bestürmen und in ihren Bannkreis gelangen.[45] Während die Wallfahrt Symbol dafür ist, dass wir hier auf Erden unterwegs sind und dem Ziel entgegenwandern, erinnert der Umgang daran, dass die Engel und Heiligen im Himmel Gott umkreisen. Somit ist die Liturgie am Wallfahrtsort bereits Teilhabe an der himmlischen Liturgie. Man reiht sich schon hier auf Erden in den Reigen der seligen Geister ein, in den Chor der Heiligen, die Gott umgeben und unaufhörlich sein Lob singen.

Für Christen ist jeder Wallfahrtsort auch Symbol für das himmlische Jerusalem, für das endgültige Ankommen bei Gott. Wenn man nach tagelangem Pilgern am heiligen Ort ankommt, empfangen vom Gnadenbild und von den für den Ort typischen Liedern, dann ahnt man etwas davon, was es heißt, für immer anzukommen, für immer daheim zu sein, sich auszuruhen, am heiligen Ort bei Gott zu sein, aufgenommen in die Schar der vielen Menschen, die bei Gott ihr Ziel gefunden haben. Wir brauchen die Erfahrung des Ankommens und Angekommenseins, um uns immer wieder neu auf den Weg zu machen. Das Ankommen hält unsere Sehnsucht nach der wahren Heimat wach und schickt uns immer wieder auf den Weg.

Diese tief im menschlichen Herzen sitzende Sehnsucht ist sicher der Grund, dass heute wieder viele junge Menschen an Wallfahrten teilnehmen. Besondere Faszination übt dabei noch immer die Wallfahrt in das nordspanische Santiago de Compostela aus. Wie schon geschrieben werden die Bücher über die verschiedenen Pilgerwege dorthin immer zahlreicher. Und die Straßen und Wege dorthin bevölkern sich mit immer mehr Wegsuchern.

Sie alle ahnen etwas von dem Geheimnis unseres Lebens, dass wir immer unterwegs sind auf ein Ziel hin, unterwegs zu einem Haus, in dem man zu Hause sein kann. Und sie alle wollen an den Erfahrungen teilhaben, die vor ihnen die vielen Pilger gemacht haben, die im Mittelalter über Jahrhunderte hinweg diese Pilgerwege entlang gezogen sind und in Santiago de Compostela etwas vom himmlischen Jerusalem erspürt haben.

Neun Monate sind die Pilger damals unterwegs gewesen, vier Monate wanderten sie jeweils hin und zurück, einen Monat blieben sie am Ziel. Neun Monate brauchten sie für die neue Geburt, die sie sich von dieser Wallfahrt erhofften. Sie war ein Reinigungsweg für sie, ein Weg, auf dem Neues in ihnen wachsen konnte und nach dem sie als Verwandelte, als Neugeborene zu Hause ankamen.

Vielleicht erhoffen sich die vielen Menschen heute auch eine Neugeburt von ihrem Pilgern. Zumindest fasziniert es sie, dass sie an einem Geheimnis teilhaben, das über Jahrhunderte hinweg die Menschen in seinen Bann geschlagen hat.

Ausziehen, aufbrechen, wandern – eine biblische Tradition

Ein Blick in die Heilige Schrift wird uns noch weitere Aspekte des Wanderns erschließen. Dabei gibt es verschiedene Wege, die biblischen Aussagen zu entdecken:

Der erste Weg geht über das Wort. Wir schauen in der Konkordanz (eine Art Lexikon zur Bibel, das über das Vorkommen eines Wortes Aufschluss gibt) nach, in welchen Redewendungen das Wort »gehen« gebraucht wird. Der zweite Weg lässt uns einzelne Bibelstellen des Alten und Neuen Testaments als typische Weggeschichten verstehen. Und der dritte Weg führt uns zu einer Theologie des Weges im Johannesevangelium und im Hebräerbrief.

Wegworte

Wenn wir die verschiedenen Redewendungen der Heiligen Schrift anschauen, in denen die Wörter »gehen« und »wandern« vorkommen, so entdecken wir in deren Gebrauch schon ein ganz bestimmtes Verständnis, vielleicht sogar eine regelrechte Theologie. Da sind zunächst viele Redewendungen, die Haltungen nennen, in denen wir wandeln sollen.

Wir sollen nach Weisung des Herrn wandeln (Exodus 16,4), auf den Wegen des Herrn gehen (Deuteronomium 8,6). Statt in Sünden (1 Könige 16,31) und Finsternis (Hiob 29,3), sollen wir im Licht wandeln (Hiob 24,17, Jesaja 1,5). Wir sollen in Demut vor unserem Gott wandeln (Micha 6,8) oder, wie Paulus sagt, »in der Wirklichkeit des neuen Lebens« (Römer 6,4), in der Liebe (Römer 14,15), im Glauben (2 Korinther 5,7), im Geist (Galater 5,16) und in der Wahrheit, wie es der Johannesbrief ausdrückt (2 Johannes 1,4).[46]

»Gehen«, »wandeln« steht hier für das Leben schlechthin, aber es ist nicht einfach durch das Wort »Leben« zu ersetzen. Das Bild ist nicht abtrennbar vom Wort und die Wirklichkeit ist nicht ohne Bild zu haben.

In eine andere Richtung weisen die Wortverbindungen mit »mit« und »vor«. Henoch wandelte mit Gott (Genesis 5,24). Gott erscheint dem Abraham und sagt zu ihm: »Ich bin der höchste Gott, wandle vor mir und sei ungeteilt mit mir!« (Genesis 17,1). Mit Gott leben, nach seinen Geboten leben, wird hier in das Bild gekleidet »vor ihm wandeln«. Abraham soll bei all seinen Wanderungen darum wissen, dass der Herr bei ihm ist. Vor Jahwe zu wandeln bedeutet dann, im Bewusstsein des gegenwärtigen Gottes gehen, auf Gottes Nähe achten bei allem, was man tut. Mit ganzem Herzen gilt es, vor dem Herrn zu wandeln (1 Könige 8,23), das heißt, auf allen Wegen auf den Herrn ausgerichtet zu sein und nach seinem Willen zu leben.

Umgekehrt verheißt Gott auch, dass er mit den Menschen wandeln will: »Ich gehe in eurer Mitte; ich bin euer Gott und ihr seid mein Volk. Ich bin der Herr, euer Gott, der euch aus dem Land der Ägypter herausgeführt hat, sodass ihr nicht mehr ihre Sklaven zu sein braucht. Ich habe eure Jochstangen zerbrochen und euch aufrecht gehen lassen« (Levitikus 26,12f). Für die Israeliten war das Mitgehen Gottes ein Bild für ihre Erlösung. Gott ging mit dem Volk bei der Befreiung aus Ägypten, er begleitete es tagsüber in der Wolke, des Nachts in der Feuersäule. Wenn Gott mit den Menschen geht, dann können sie aufrecht gehen, erlöst, befreit. Den Verbannten in der babylonischen Gefangenschaft verheißt Jahwe, dass er mit ihnen auf ihrem Weg in die Heimat gehen wird: »Wenn du durchs Wasser schreitest, bin ich bei dir, wenn durch Ströme, dann reißen sie dich nicht fort. Wenn du durchs Feuer gehst, wirst du nicht versengt, keine Flamme wird dich verbrennen« (Jesaja 43,2). Nichts kann Israel etwas anhaben, wenn Gott mit ihm zieht. Das ist für Israel eine grundlegende Glaubenserfahrung.

Nicht nur Gott geht mit uns und wir mit Gott. Die Heilige Schrift spricht auch oft davon, dass Menschen miteinander gehen. Mit dem anderen zu gehen ist ein Zeichen der Solidarität, des Mitseins mit ihm. So heißt es bei Jesus Sirach 7,34, dass wir mit den Trauernden gehen sollen. Wenn ich mit dem anderen gehe, werde ich eins mit ihm, erfahre ich Gemeinschaft mit ihm.

Beim Propheten Amos heißt es: »Können denn zwei miteinander wandern, es sei denn, sie werden einig unterwegs?« (Amos 3,3). Das gemeinsame Gehen verbindet miteinander. Die Erfahrung der gleichen Mühen, das Teilen der körperlichen Anstrengung schafft eine Voraussetzung, auch mit dem Herzen des anderen eins zu werden. Wer auf dem Wege ist, ist noch offen für den anderen, er wird sich einig werden mit ihm. Nur wer festgefahren ist, bleibt stur, erstarrt, unbeweglich, isoliert. Christus fordert uns in der Bergpredigt auf: »Und wenn dich einer zwingen will, eine Meile mit ihm zu gehen, dann geh zwei mit ihm!« (Matthäus 5,41). Wer mit dem anderen geht, nicht gezwungen, sondern freiwillig, der kann ihn im Gehen für sich gewinnen. Die Römer hatten das Recht, einen Juden zu einer Meile Wegbegleitung zu zwingen, entweder als Wegweiser oder als Lastenträger. Jesus rät, statt der geforderten einen Meile von sich aus zwei mit dem verhassten Römer zu gehen und so durch das Mitgehen aus dem Feind einen Freund zu machen. Wer mit dem anderen geht, hat an ihm Anteil und wird eins mit ihm, er überwindet die Trennung und Isolierung und schafft so Gemeinschaft.

Wenn Gott mit dem Menschen geht, dann schützt er ihn vor allen Hindernissen, er schenkt ihm das Vertrauen, dass er in der Kraft Gottes über alle Schwierigkeiten hinweg ans Ziel gelangt. Von dieser Erfahrung künden vor allem die Psalmen. So betet David: »Mit meinem Gott überspringe ich Mauern« (Psalm 18,30). Gott gibt dem Wanderer Kraft, im Gehen wächst ihm die Kraft Gottes zu und er ahnt etwas von der Weite und Freiheit Gottes, in die er gehend hineinschreitet. Der Beter drückt diese Erfahrung so aus: »Er führte mich hinaus ins Weite, er befreite mich, denn er hatte an mir Gefallen [...] Gott – er hat mich umgürtet mit Kraft, meinen Weg macht er lauter [...] Du schaffst meinen Schritten weiten Raum, meine Knöchel wanken nicht« (Psalm 18,20.33.37). Wenn Gott mit uns geht, kann uns nichts schaden, er schützt uns vor allem Unheil: »Denn er hat seinen Engeln befohlen, dich zu behüten auf all deinen Wegen. Sie werden dich auf Händen tragen, damit dein Fuß an keinem Stein sich stoße. Du wirst über Löwen und Nattern gehn, wirst Leu und Drachen zertreten« (Psalm 91,11–13). Ähnlich heißt es in Psalm 37: »Vom Herrn werden die Schritte des Mannes gefestigt, er hat Gefallen an seinem Weg. Wenn er strauchelt, fällt er nicht, denn der Herr stützt Hand« (Psalm 37,23–24).

Unser Weg führt durch Wüsten, durch finstere Schluchten, durch Feuer und Wasser, durch große Not. Doch wer mit Gott geht, kann immer wieder bekennen: »Muss ich auch gehen in finsterer Schlucht, ich fürchte kein Unheil. Du bist ja bei mir!« (Psalm 23,4), oder: »Wir gingen durch Feuer und Wasser. Aber du hast uns herausgeführt, hin zur Fülle« (Psalm 66,12). Gott ist mit uns auf unserem Weg und er führt uns in die Freiheit.

Unser Weg liegt immer vor Gottes Augen. Davon spricht Psalm 139: »Ob ich gehe oder ruhe – du ermisst es, du bist vertraut mit all meinen Wegen [...] Wohin soll ich gehen vor deinem Geist, wohin vor deinem Antlitz fliehen? Stieg ich empor Himmel – du bist dort, und legte ich mich nieder in der Unterwelt – du bist zugegen« (Psalm 139,3.7–8). Wir können vor Gott nicht davonlaufen, wir gehen vor seinen Augen. Er kennt all unsere Schritte. Er wird uns immer und überall einholen.

Wenn Gott unsere Wege kennt und wir immer vor ihm gehen, dann kommt es darauf an, dass unsere Wege auch in die richtige Richtung weisen. Daher betet der Psalmist: »Schau her, ob ich auf einem Weg bin, der dich kränkt, und führe mich auf dem Weg der Ewigkeit« (Psalm 139,24).

Wohin geht unser Weg? Zum Hause des Herrn, zum Vater. Der Pilger betet auf dem Weg nach Jerusalem: »Welche Freude, da man mir sagte: ›Wir ziehen zum Hause des Herrn!‹« (Psalm 122,1). Und in der Verbannung erinnert er sich an seine Pilgerfahrt nach Jerusalem: »Ich denke daran, und das Herz geht mir über: wie ich im Gedränge dahinschritt, ihnen vorauszog zum Hause Gottes, beim Schall des Jubels und des Dankes, im Toben der feiernden Menge« (Psalm 42,5). Bei Kohelet heißt es: »Ein Mensch geht zu seinem ewigen Haus« (Kohelet 12,5). Das Ziel des Wanderns ist immer die Heimat, das Daheimsein beim Vater. Wie der verlorene Sohn sollen wir uns aufmachen und zu unserem Vater gehen. Alle anderen Wege führen nur ins Verderben und machen uns genauso unglücklich, wie der verlorene Sohn es wurde. Dieser weiß es aus Erfahrung. Er ist die falschen Wege gegangen.

Der Weg zum Vater, zur Heimat, geht allerdings nicht immer den eigenen Wünschen und Vorstellungen entsprechend. Zum Vater gehen, das kann über das Kreuz führen wie bei Petrus: »Als du jünger warst, hast du dich selbst gegürtet und gingst, wohin du wolltest. Wenn du aber alt geworden bist, wirst du deine Hände ausstrecken und ein anderer wird dich gürten und dich führen, wohin du nicht willst« (Johannes 21,18). Wir können uns den Weg nicht selbst aussuchen. Wir gehen, wohin uns ein anderer führt. Wir meinen, selbst zu gehen, und doch ist da ein anderer, der uns an die Hand nimmt. »Wohin ich dich auch sende, dahin sollst du gehen«, sagt Gott zu Jeremia (Jeremia 1,7).

Glücklich kann sich schätzen, wer sagen kann: »Ich will dir nachfolgen, wohin du auch gehst« (Matthäus 8,19), und wer bei all seinem Wandern durch Wüsten und Wirrnisse, durch Feuer und Wasser vertraut: »Du leitest mich nach deinem Ratschluss, hernach nimmst mich auf in Herrlichkeit« (Psalm 73,24).

Doch die Gefahr des Abirrens liegt nahe. Psalm 107 spricht von denen, die umherirren in der Wüste und den Weg zur wohnlichen Stadt nicht finden. So ist die Bitte berechtigt: »Zeige mir, Herr, deine Wege, lehre mich deine Pfade!« (Psalm 25,4). Unsere Wege sind oft nicht Gottes Wege. Wir können in die Irre gehen. Wir meinen, auf dem richtigen Wege zu sein, und doch kommen wir da nicht ans Ziel. Wer diese Erfahrungen beim Wandern gemacht hat, der versteht den existenziellen Ernst einer solchen Bitte, dass unsere Wege auch Gottes Wege seien, richtige Wege, die ans Ziel führen, zum Vater, zur wohnlichen Stadt, in die Heimat.

Die Meditation der biblischen Wegworte in Ruminatio oder Jesusgebet

Die Meditationsmethode, die uns den Sinn der biblischen Wegworte und zugleich den Sinn unseres Gehens erschließen kann, ist die Methode der *ruminatio*, der ständigen Wiederholung eines oder mehrerer Worte, wie sie im alten Mönchtum praktiziert wurde. Die Mönche wiederholten immer wieder das gleiche Schriftwort, um es mehr und mehr in sich hineinfallen und sich von ihm verwandeln zu lassen. Man kann das Wort bei allen Tätigkeiten »wiederkäuen«, beim Essen, beim Arbeiten, beim Gespräch, auf der Reise.

Beliebt war bei den Mönchen die Methode, ein Wort gehend zu wiederholen. Treffend beschrieben ist dieser Weg in den »Aufrichtigen Erzählungen eines russischen Pilgers«, die im 19. Jahrhundert in Russland veröffentlicht wurden.[47] Ein Pilger zieht jahrein, jahraus mit dem gleichen Wort, dem Jesusgebet auf den Lippen und im Herzen, durch die Gegenden Russlands: »Herr Jesus Christus, Sohn Gottes, erbarme dich meiner.« Dieses Gebet sagt er sich im Gehen ständig vor. Und er macht die Erfahrung, dass er betend immer mehr in das Erbarmen Gottes hineinwächst, dass er Gottes Barmherzigkeit in sich zu spüren beginnt und auch selbst barmherzig wird, zufrieden, gütig und gelassen. Das Gehen ist für den Pilger offensichtlich eine Hilfe, das Jesusgebet zu verrichten und die Wirkung des Gebets an sich zu erfahren.

Das Jesusgebet selbst hat keine direkte Beziehung zum Gehen. Wenn wir uns jedoch gehend die biblischen Weg- und Gehworte immer wieder vorsagen, so kann uns das helfen, unser Wandern ganz neu zu erleben und im Wandern in das Wesen unseres Glaubens hineinzugehen. Wenn wir etwa mit dem Wort gehen: »Du schaffst meinen Schritten weiten Raum, meine Knöchel wanken nicht«, dann wird unser Gehen anders. Wir gehen leichter, wir ahnen etwas von Erlösung und Befreiung. Indem wir anders gehen, werden wir anders, wir werden ein Stück freier und weiter, wir spüren ein Stück mehr Vertrauen in uns. Das Wort macht unser Gehen recht und richtet uns selbst zurecht. Es bringt den Leib und die Seele in die richtige Verfassung.

Wenn wir mit den Gehworten aus den Psalmen wandern, werden wir erst den Sinn und die Erfahrung dieser Worte erfassen. Wer zwei Stunden nur mit dem Wort geht: »Wir ziehen zum Hause des Herrn« oder »Wohin könnte ich gehen vor deinem Geiste« oder »Mit dir erstürme ich Wälle, mit meinem Gott überspringe ich Mauern« oder »Dein Wort ist meinem Fuß eine Leuchte«, der kann erfahren, was der Beter damals erfahren hat. All diese Worte sind aus der Erfahrung heraus geschrieben und wollen uns Erfahrung vermitteln. Doch an die Erfahrung kommen wir erst heran, wenn wir das nachvollziehen, wodurch die Beter zu eben dieser Erfahrung gekommen sind: durch das Gehen und Wandern. Dabei brauchen wir im Gehen nicht über die Worte nachzudenken, sondern sie uns einfach zu wiederholen, ohne Druck, etwas Neues erkennen oder spüren zu müssen. Wir gehen mit dem Wort in der Hoffnung, dass das Wort im Gehen in uns eingeht, dass wir in das Wort hineingehen, in den Geist und in die Erfahrung des Wortes.

Die Methode, mit einem Wort zu gehen, gilt nicht nur für Psalmverse, sondern auch für die kurzen Redewendungen mit »gehen«, die sich so häufig in der Schrift finden. Man kann sich beim Gehen vorsagen: »Ich gehe auf den Wegen des Herrn, ich gehe im Glauben, in der Liebe, oder ich wandle mit ungeteiltem Herzen vor dem Herrn, ich wandle in der Neuheit des Lebens.« Dann kann man vielleicht erahnen, dass das keine leeren Floskeln sind, sondern Glaubenserfahrungen.

Diese Redewendungen waren ursprünglich wörtlich gemeint. So kommt zum Beispiel die Wendung »fremden Göttern nachlaufen« (vgl. Jeremia 7,6) vom wirklichen Gehen hinter den Götzenbildern bei einer Prozession. Für uns ist Nachfolge etwas sehr Innerliches geworden, doch ursprünglich meint sie ein wirkliches Folgen, ein kultisches Schreiten hinter den Götterbildern her.[48] Die Erfahrung, die solche Ausdrücke beschreiben, wird für uns existenzieller, leibhaftiger, wenn wir an ihren Ursprung rühren, wenn wir den Weg vom Tun in die Verinnerlichung zurückschreiten und so das Innere wieder an das Äußere binden, die Seele und den Leib die Einsicht des Verstandes verstehen lassen.

Weggeschichten

Viele biblische Erzählungen sind Weggeschichten, Geschichten auf dem Weg. Die rechte Weise, diese zu meditieren und sie sich persönlich zu erschließen wäre, sie mit auf den eigenen Weg zu nehmen, mit einer Geschichte zu gehen, sie sich gehend immer wieder zu erzählen und vorzustellen. So ergeht man sich eine Geschichte, man wird in sie hineinverwickelt und geht anders aus ihr heraus. Die Geschichte nimmt einen selbst mit auf den Weg und wandelt einen. Ich möchte nur ein paar Beispiele biblischer Weggeschichten vorstellen.

Abraham

Nicht nur für die jüdische Theologie, sondern auch für Paulus ist Abraham das Vorbild und Urbild des Glaubens. Sein Glaube bewährt sich bei seinem Auszug aus seiner Heimat (Genesis 12,1–3). Abraham macht sich auf den Weg, um den Verheißungen Gottes zu folgen. Dieser Auszug wird zum Urbild des Glaubens. Und der Glaube wird schon bald auf die Probe gestellt (Genesis 22,1–19): Abraham und sein Sohn Isaak gehen stumm nebeneinander. Der Vater soll seinen Sohn opfern, das Liebste, das er hat. Ist das nicht auch ein Bild für unseren Weg, auf dem wir verwundert über Gottes Wege dahingehen, grübelnd, ob wir wohl loslassen können, was er von uns verlangt? Wir können nur hoffen, dass ein Engel des Herrn uns zur Hilfe kommt und uns wie Abraham erkennen lässt, was wir hergeben und ihm überlassen sollen.

Jakob

Eine Geschichte auf dem Weg ist auch die Erzählung von Jakobs Traum von der Himmelsleiter (Genesis 28,10–22): Jakob ist auf der Flucht vor seinem Bruder Esau. Steine liegen ihm im Weg. Und an einem dieser Steine träumt er, dass das der Ort Gottes ist. Im Traum erkennt er die Wirklichkeit, an der er sonst achtlos vorübergegangen wäre. Gott selbst ist gegenwärtig, er umgibt ihn mitten in der Wüste, mitten auf dem Weg. Gott erscheint ihm gerade in dem Stein, der ihm im Weg liegt. Jakob setzt einen Gedenkstein, um diese Erfahrung festzuhalten, die ihm widerfahren ist. Manchmal gehen wir an der Realität vorbei. Wir brauchen dann Träume, um zu erkennen, was wirklich ist, dass von jedem Ort unseres Lebens aus eine Leiter in den Himmel geht, gerade auch von den Steinen aus, die uns im Weg liegen. Sie könnten unseren Weg öffnen für die Gegenwart Gottes, die uns überall umgibt.

Eine weitere Weggeschichte ist der Kampf Jakobs mit Gott (Genesis 32,23–33): Er tritt Jakob in den Weg und fordert ihn heraus bis zum Äußersten. Es ist ein Kampf auf Leben und Tod. Jakob begegnet in dieser Herausforderung Gott selbst. Er hält ihm stand und so kann er bekennen: Ich habe Gott von Angesicht zu Angesicht gesehen und mein Leben ist doch erhalten geblieben. Doch die Anstrengung hat ihn gezeichnet: Von nun an hinkt er an seiner Hüfte.

Mose

Auf dem Weg durch die Wüste begegnet Mose Jahwe im brennenden Dornbusch (Exodus 3,1–15). Er will nachsehen, was dort brennt. Da spricht Gott ihn an und schickt ihn auf den Weg. Er soll das Volk Israel aus der Knechtschaft herausführen. Gott selbst wird mit ihm auf dem Weg sein. Der Auszug aus Ägypten wird in der Theologie des Alten Testaments zum Weg schlechthin, zum Weg des Lebens, zum Weg der Erlösung und Befreiung.

Im Buch Deuteronomium ist diese grundlegende Erfahrung Israels beschrieben: »Du sollst an den ganzen Weg denken, den der Herr, dein Gott, dich während dieser vierzig Jahre in der Wüste geführt hat, um dich gefügig zu machen und dich zu prüfen. Er wollte erkennen, wie du dich entscheiden wurdest: ob du seine Gebote bewahrst oder nicht [...] der dich durch die große und Furcht erregende Wüste geführt hat, durch Feuernattern und Skorpione, durch ausgedörrtes Land, wo es kein Wasser gab; der für dich Wasser aus dem Felsen der Steilwand hervorsprudeln ließ; der dich in der Wüste mit dem Manna speiste, das deine Väter noch nicht kannten« (Deuteronomium 8,2.15f).

In diesen Sätzen bekennt Israel seinen Glauben. Wir können unser eigenes Leben in diesem Weg durch die Wüste wiederfinden. Wir gehen durch schaurige Wüsten, geraten in Drangsal, aber Gott ist mit uns. Die »Geschichte auf dem Weg« ist keine Geschichte am Rand, sondern eine mitten aus unserem Leben, eine, die zum Kern unserer Existenz vorstößt.

Elias

Elias wird müde auf seinem Weg, auf seiner Flucht vor Isebel, die ihm nach dem Leben trachtet. Er mag nicht mehr, er wünscht sich den Tod. Es ist zu viel für ihn, er ist auch nicht besser als seine Väter, stellt er resigniert fest. Doch der Engel des Herrn rührt ihn an und spricht zu ihm: »Steh auf und iss! Sonst ist der Weg zu weit für dich« (1 Könige 19,7). Und in der Kraft dieser Speise wandert er vierzig Tage hindurch zum Berg Horeb, an dem er Gott im Säuseln des Windes begegnet. Auch das sind Wegerfahrungen, die uns unser Leben deuten. Wie oft wird uns alles zu viel, wir können nicht mehr und wollen nicht mehr. Und ein Engel spricht uns an: »Steh auf und iss!« Wir entdecken in uns ungeahnte Kräfte. Mitten aus unserer Schwäche und Ohnmacht heraus werden wir feinfühlig für die tiefsten Erfahrungen unseres Lebens: für die Erfahrung Gottes im Säuseln des Windes, in den kleinen, unscheinbaren Widerfahrnissen unseres Alltags.

Jona

Oft ist unser Weg eine Flucht vor Gott, so wie Jona vor dem Auftrag des Herrn flieht. Statt dort hin zu gehen, wohin Gott ihn sendet, besteigt er ein Schiff Richtung Tarsis (Jona 1,3). Doch der Herr holt ihn ein im Sturm. Und die Männer auf dem Schiff werfen ihn ins Meer. Die Flucht vor Gott führt durch die Nachtmeerfahrt im Bauch des Fisches doch wieder hin zu Gott. Die Umwege enden wieder bei ihm. Die Jonageschichte erzählt unser Leben mit unserem Groll gegenüber Gottes Wegen, mit unseren Fluchtversuchen, und sie schildert uns die Geduld Gottes, der barmherzig ist und uns am Ende unserer Umwege erwartet.

Die drei Magier aus dem Morgenland

Auch das Neue Testament kennt eine Reihe von Weggeschichten, allen voran die von den drei Magiern aus dem Morgenland, die sich auf den Weg machen, um den neugeborenen König der Juden anzubeten. Sie folgen dem Stern und fallen schließlich nieder, weil sie angekommen sind, weil ihre Sehnsucht erfüllt ist. Am Ende ihrer mühevollen Fahrt knien sie vor einem unscheinbaren Kind. Diese Weggeschichte hat die Tradition in zahlreichen Legenden ausgeschmückt, weil die Menschen sich selbst darin wiedererkannt haben: auf dem Weg durch die Wüste, mit und ohne Stern, fragend und suchend, erschöpft, enttäuscht, verirrt und doch der Sehnsucht gehorchend, angekommen bei einem kleinen Kind, in dem Gottes Herrlichkeit aufleuchtet.

Das Leben Jesu

Das ganze Leben Jesu war ein Weg – über das Kreuz zur Auferstehung. Jesus predigt den Menschen auf dem Weg, er begegnet ihnen, indem er selbst durch Galiläa zieht. Er beruft seine Jünger, dass sie ihm nachfolgen und mit ihm den Weg gehen. Und er durchzieht mit seinen Jüngern Galiläa und Judäa. Er predigt das Evangelium vom Reich Gottes und heilt die Kranken. So fasst Matthäus das Wirken Jesu zusammen: »Er zog in ganz Galiläa umher, lehrte in den Synagogen, verkündete das Evangelium vom Reich und heilte im Volk alle Krankheiten und Leiden« (Matthäus 4,23). Und wenn Jesus seine Jünger aussendet, so tut er es mit dem Befehl: »Geht hin und verkündet: das Himmelreich ist nahe« (Matthäus 10,7). Auch die Predigttätigkeit der Jünger vollzieht sich auf dem Weg. Sie sollen nichts mitnehmen: »Nehmt keine Vorratstasche mit auf den Weg, kein zweites Hemd, keine Schuhe, keinen Wanderstab« (Matthäus 10,10). Sie befolgen den Auftrag Jesu, indem sie sich auf den Weg machen, durch die Städte und Dörfer ziehen und die Frohe Botschaft verkünden. Sie dürfen Gastfreundschaft beanspruchen, aber nirgends sollen sie sich niederlassen, sondern immer weiterwandern. Darin folgen sie Christus nach.

Die Lebensgeschichte Jesu als Weggeschichte im Lukasevangelium

Das Thema des Weges spielt vor allem im Lukasevangelium eine wichtige Rolle. Da macht sich Maria auf und geht eilends in das Gebirge in eine Stadt Judäas, um Elisabeth zu besuchen (Lukas 1,39f). Joseph und Maria ziehen von Nazaret hinauf nach Betlehem. »Auf der Wanderschaft wird Jesus geboren und so ist sein Leben von der ersten Stunde an als das eines Wanderers gezeichnet.«[49] Mit dem Kind gehen die Eltern nach Jerusalem hinauf, um es dem Herrn darzustellen (Lukas 2,22). Dann ziehen sie zurück nach Nazaret in Galiläa. Mit dem Zwölfjährigen pilgern sie ihrer Gewohnheit gemäß nach Jerusalem. Und auf dieser Pilgerfahrt geht ihnen etwas vom Wesen ihres Sohnes auf (Lukas 2,41–52).

Nach den Wanderungen der Kindheit setzt Lukas erst wieder beim öffentlichen Wirken Jesu ein, bei seinem Wanderleben. Wandernd predigt und heilt Jesus, beruft er seine Jünger und begegnet Menschen, mit denen er ins Gespräch kommt:

Als er mit seinen Jüngern durch die Felder geht, begegnen ihm die Pharisäer und er lässt sich mit ihnen in eine Diskussion darüber ein, was denn nun Gottes Wille sei (Lukas 6,1–11). Auf dem Wege kommt ihm der Hauptmann von Kapharnaum entgegen (Lukas 7,2–10). Und auf Nain zuwandernd stößt er auf den Leichenzug und gibt der Mutter ihren toten Sohn zurück (Lukas 7,11–16). Mit Jesus ziehen seine Jünger, aber auch einige Frauen, die von ihm geheilt worden waren (Lukas 8,1f).

Ab Lukas 9,51 setzt dann der große lukanische Reisebericht ein, der mit zehn Kapiteln einen breiten Raum einnimmt (Lukas 9,51–19,27). Der Weg Jesu nach Jerusalem ist für Lukas der eigentliche Inhalt des Lebens Jesu.[50] Jesus geht nach Jerusalem als dem Ort seines Leidens und seiner Vollendung. Zwei Motive sind auf diesem Weg für Lukas tragend: Jesus als Wanderer und die Ausrichtung des Weges auf Jerusalem. In diesen beiden Motiven entfaltet Lukas eine eigene Theologie des Wanderns.

Jesus ist für Lukas wesentlich ein Wanderer: »Doch heute und morgen und am folgenden Tag muss ich weiterwandern« (Lukas 13,33). Jesus ist zugleich auch Gast, der bei den Menschen einkehrt. Im wandernden Jesus kommt Gott selbst zu den Menschen und lässt sich von ihnen aufnehmen.

Dieses Motiv findet sich ähnlich in zahlreichen griechischen Göttersagen, etwa in der Erzählung von Philemon und Baucis oder in der Odyssee. Lukas verwendet dieses in der Antike weit verbreitete Motiv christologisch, das heißt: Jesus ist für ihn der Beauftragte Gottes. In ihm und durch ihn besucht Gott selbst die Menschen, verborgen in der Gestalt des Wanderers, der dann als Gast bei ihnen einkehrt, mit ihnen isst und trinkt und ihnen so Gottes Menschenfreundlichkeit nahebringt.[51]

Das zweite Motiv des lukanischen Reiseberichtes ist die Ausrichtung des Weges Jesu auf Jerusalem, dem Ort seines Leidens und seiner Vollendung. Jesus geht den Weg des Leidens, der ihm bestimmt ist. Er nimmt diesen Weg bewusst auf sich. Seine Lehren auf diesem Weg sind solche angesichts des Todes und der Auferstehung.[52]

Jesus belehrt seine Jünger, dass sie ihm nachfolgen. Das bedeutet, ihm in seinen Tod zu folgen, mit ihm den Weg des Leidens und des Kreuzes zu gehen, alles Irdische zurückzulassen und sich ganz auf Gott einzulassen. Auf dem Weg begegnen Jesus Menschen, die mit ihm gehen wollen. Doch er lässt nur den mit sich ziehen, der alles hinter sich lässt: »Als sie auf dem Weg weiterzogen, sagte ein Mann zu Jesus: ›Ich will dir nachfolgen, wohin du auch gehst.‹ Jesus antwortete ihm: ›Die Füchse haben Höhlen und die Vögel des Himmels Nester; der Menschensohn aber hat keinen Ort, wo er sein Haupt hinlegen kann.‹ Zu einem anderen sagte er: ›Folge mir nach!‹ Der erwiderte: ›Lass mich zuerst weggehen und meinen Vater begraben!‹ Jesus sagte zu ihm: ›Lass die Toten ihre Toten begraben; du aber geh und verkünde das Reich Gottes!‹ Wieder ein anderer sagte: ›Ich will dir nachfolgen, Herr. Zuvor aber lass mich Abschied nehmen von denen, die in meinem Hause sind.‹ Jesus erwiderte ihm: ›Keiner, der die Hand an den Pflug gelegt hat und nochmals zurückblickt, taugt für das Reich Gottes.‹« (Lukas 9,57–62).

Wer Jesus nachfolgen will, wird heimatlos wie er, er hat keinen Ort, an dem er sich niederlassen kann, er muss Vater und Mutter verlassen, seinen Besitz zurücklassen, sich ganz frei machen für das Reich Gottes, sich von Christus hinschicken lassen, wohin *er* will.

Auf dem Weg nach Jerusalem erzählt Jesus selbst eine Weggeschichte: die vom barmherzigen Samariter: »Ein Mann ging von Jerusalem nach Jericho hinab und wurde von Räubern überfallen« (Lukas 10,30). Es gehen noch drei Männer diesen Weg hinab. Von zweien heißt es: »Er sah ihn und ging vorüber« (Lukas 10,31). Nur der Samariter nicht: »Er ging zu ihm hin, goss Öl und Wein auf seine Wunden und verband sie« (Lukas 10,34).

Unser Weg ist immer auch ein Weg, der an Menschen vorbeiführt. Wir sind miteinander unterwegs. Die Frage ist, ob wir den am Weg liegenden Nächsten überhaupt sehen. Und wenn wir ihn sehen, gehen wir dann hin wie der Samariter oder gehen wir vorüber? Diese zwei Möglichkeiten, Hingehen oder Vorübergehen, entscheiden über unser Leben.

Auf dem Weg heilt Jesus den Blinden, der nach ihm schreit (Lukas 18,35–43). Auf dem Weg geht er an Zachäus vorbei, der auf den Baum gestiegen war, um ihn zu sehen. Er schaut ihn an und macht ihn neu, weil er ihn nicht verurteilt, sondern annimmt, mit ihm Mahl hält (Lukas 19,1–10).

Von Jericho zieht Jesus hinauf nach Jerusalem, und sein Einzug wird zum Triumphzug und zugleich zum Eingehen in das Ende, in den Tod. Jesus geht seinen Weg nach Jerusalem mit seinen Jüngern, aber letztlich doch allein. Als er zu ihnen sagt: »Siehe, wir gehen nach Jerusalem hinauf; und es wird sich alles erfüllen, was bei den Propheten über den Menschensohn geschrieben steht« (Lukas 18,31), da bleibt er unverstanden: »Doch die Zwölf verstanden das alles nicht« (Lukas 18,34).

Jesus muss seinen Weg in innerer Einsamkeit gehen, auch wenn ständig Menschen um ihn herum sind. Seinen Weg in den Tod kann ihm niemand ersparen. Er muss ihn gehen im Gehorsam seinem Vater gegenüber, auch wenn niemand ihn versteht. Am Ende dieses Weges gibt er in der Verlassenheit am Kreuz sterbend dem Vater sein Leben zurück: »Vater, in deine Hände lege ich meinen Geist« (Lukas 23,46).

Für Lukas ist der Tod Jesu am Kreuz nicht das Ende des Weges. Er erzählt vielmehr noch eine Weggeschichte: Da gehen zwei Jünger nach Emmaus, traurig, enttäuscht, in ihrer Hoffnung betrogen. Unerkannt gesellt sich der Auferstandene zu ihnen. Er geht mit ihnen, legt ihnen die Schriften aus und allmählich verstehen sie, bis ihnen beim Brotbrechen die Augen aufgehen und sie erkennen: Es ist der Herr. Mit dieser Weggeschichte entlässt uns Lukas auf unseren Weg. Wir gehen ihn nicht allein. Christus selbst geht mit uns. Und weil er mit uns geht, können wir unseren Weg verstehen.

Die Emmausgeschichte wurde für viele Menschen zum Symbol ihres Lebens. In vielen Gegenden war es üblich, am Ostermontag einen Emmausgang zu machen. Eine solche Gewohnheit entsteht nur, wenn man sich in einer Geschichte wiederfindet und wenn man sich von diesem Gang eine Erhellung und Heilung seines Lebens verspricht. Der Emmausgang war die Einübung in die Frohe Botschaft, dass der Auferstandene mit uns geht, mitten in unserem Alltag, auf all unseren Wegen.

Ein Emmausgang kann uns von der Weggeschichte des Lukas mehr verstehen lassen als eine noch so gute exegetische Auslegung. Er kann uns leibhaft erfahren lassen: Jetzt, da ich gehe, leer und ausgepumpt, über bekannte und unbekannte Wege, mitten im Lärmen und mitten in der Stille, im Gedränge und in der Einsamkeit, enttäuscht und in meiner Hoffnung betrogen, das Durcheinander meines Lebens nicht verstehend, da geht Christus mit mir. Er geht neben mir und erschließt mir meinen eigenen Weg, deckt mir den Sinn meiner Geschichte auf, er erklärt mir, warum ich diesen Weg bisher gehen musste: um »so in seine Herrlichkeit gelangen« (Lukas 24,26). Und wenn ich anhalte, können auch mir die Augen aufgehen und ich werde erkennen: Ja, es ist der Herr.

Zur Theologie des Weges

Das Wort »Weg« wird nicht nur im Deutschen, sondern in den meisten Sprachen in vielen Bedeutungen gebraucht. Es kann die Strecke bezeichnen, die man geht, aber auch die Maßnahme, das Verfahren, die Art und Weise, wie man etwas tut und wie man lebt; das Mittel, die Methode – das Griechische *methodos* kommt von *hodos* (Weg) –, etwas zu erreichen oder etwas auszuführen.[53]

Übertragen kann es die Lebensführung, den Lebenswandel bedeuten. Im Alten Testament wird »Weg« vor allem im Zusammenhang damit gebraucht, dass Gott sein Volk einen Weg geführt hat. Gott kann einen Weg schaffen, wo es dem Menschen unmöglich scheint, zu gehen (Jesaja 43,16; 51,10). Die Psalmen sprechen von den Wegen Gottes, die Gott mit seinem Heilshandeln geht und die für die Menschen oft unverständlich bleiben (Psalm 67,3; 25,10; 95,7–11).

Doch Gott heißt auch die Menschen, seine Wege zu gehen, nach seinen Geboten zu handeln. So kann »Weg« das Verhalten des Menschen bezeichnen. Er kann gute und böse Wege gehen. Der böse führt ins Verderben, die Wege Gottes zum Leben. Im Neuen Testament finden wir diese verschiedenen Bedeutungen wieder. Doch an einigen Stellen entdecken wir neue Aspekte. In der Bergpredigt spricht Christus von den zwei Wegen, zwischen denen wir zu wählen haben (Matthäus 7,13f). Dieses Motiv wurde in der Antike seit der Prodikosfabel von Herakles, der am Scheideweg den Gestalten der Tugend und des Lasters begegnet, oft verwendet.[54]

Jesus bezeichnet die Bergpredigt als den schmalen Weg zum Leben. Wer nach seinen Worten handelt, wird durch die schmale Tür ins Himmelreich eingehen. Paulus spricht vom »köstlicheren Weg«, den er den Christen zeigen will (1 Korinther 12,31 in der Lutherübersetzung 1912). Es ist der Weg der Liebe. Weg ist hier ein Lebensvollzug aus der Liebe heraus. Paulus kann auch auf »meine Wege in Christus« hinweisen (1 Korinther 4,17) und meint damit seinen christusgemäßen Lebenswandel, der an seinem konkreten Verhalten anschaulich wird.[55]

Diese Bedeutungen von »Weg« scheinen nicht mehr viel mit dem Wandern zu tun zu haben. Es sind Bilder, Abstraktionen, bei denen vom Erfahrungshintergrund des Gehens kaum noch etwas zu spüren ist. Und dennoch sind sie alle aus der Erfahrung des Wanderns heraus entstanden.

Beim Gehen stoßen wir eben auf Kreuzungen, bei denen wir nur einen Weg als den richtigen wählen können. Und es gibt eben Wege zum Ziel und Wege, die nicht weiterführen. Es gibt Wege, die stimmig sind, christusgemäß, und solche, die falsch sind, Holzwege, Wege, die im Sand verlaufen. Es gibt Wege, die Gott uns führt, und solche, die uns Blinde führen, die sie selbst nicht sehen. Wir wollen den Erfahrungshintergrund des Gehens auch im Blick haben, wenn wir uns nun zwei neutestamentlichen Schriften zuwenden, die eine eigene Theologie des Weges entfalten und so auch zu einer Theologie des Wanderns beitragen.

Das Johannesevangelium

Einen Höhepunkt der neutestamentlichen Wegtheologie stellt das Wort Jesu dar, in dem er sich selbst als den Weg bezeichnet:

In den Abschiedsreden nach der Fußwaschung spricht Jesus davon, dass er zum Vater geht, um auch für die Jünger einen Platz zu bereiten: »Wenn ich gegangen bin und einen Platz für euch vorbereitet habe, komme ich wieder und werde euch zu mir holen, damit auch ihr dort seid, wo ich bin. Und wohin ich gehe - den Weg dorthin kennt ihr. Thomas sagte zu ihm: Herr, wir wissen nicht, wohin du gehst. Wie können wir dann den Weg kennen? Jesus sagte zu ihm: Ich bin der Weg und die Wahrheit und das Leben; niemand kommt zum Vater außer durch mich« (Johannes 14,3–6).

Jesus leitet das Wort vom Weg mit einem feierlichen »ich bin« ein. Das ist eine Offenbarungsformel, die sich bei Johannes öfter findet: »Ich bin das Licht, ich bin das Brot, ich bin die Tür.« Aller Nachdruck fällt in dieser Selbstoffenbarung auf den Ausdruck »Ich bin der Weg«. Die beiden Begriffe »Wahrheit« und »Leben« erläutern und begründen, wie Jesus der Weg sein kann. Er ist der Weg zum Vater, weil er die Wahrheit offenbart, die zum Leben führt, und weil er selbst das Leben ist und dem Leben schenkt, der an ihn glaubt. Wer zum Vater kommen will, zu den Wohnungen im Haus des Vaters, von denen Jesus in Johannes 14,2 gesprochen hat, der kann nur durch Jesus dorthin gelangen. Er ist der Weg zum Vater.

Um die Deutung dieses rätselhaften Wortes haben sich schon die Kirchenväter bemüht. Sie verstehen die beiden Begriffe »Wahrheit« und »Leben« meistens als das zu erreichende Ziel. Augustinus bezieht Wahrheit und Leben auf die Präexistenz des Sohnes: Jesus ist die Wahrheit und das Leben, insofern er beim Vater ist. Er wurde unser Weg, insofern er Fleisch angenommen hat.[56] Christus ist unser Weg geworden, weil er Mensch geworden ist, weil er sichtbar, greifbar und uns ähnlich geworden ist, weil er selbst unseren Weg als Mensch gegangen ist.

Man darf dieses Wegwort nicht nur so verstehen, dass wir Jesus nachahmen sollen, um wie er zum Vater zu kommen. Der Weg ist nicht ablösbar von Christus. Jesus selbst nimmt uns mit auf den Weg, er führt uns, er erhellt ihn uns, weil er die Wahrheit ist. Er lässt uns jetzt schon teilhaben an seinem Leben, das durch die Auferstehung ewig und unvergänglich geworden ist. Der Weg ist kein System von Geboten, die zum Leben führen, sondern er ist eine Person. Wer sich auf Jesus einlässt, kommt zum Vater. Wir können den Weg, den Christus gegangen ist, nicht ohne ihn gehen. Es ist keine Methode, die ohne ihn funktioniert. Er hat einen neuen Weg eröffnet, den wir selbst nie gefunden hätten. Und wir können ihn selbst nur gehen, wenn wir mit ihm und in ihm bleiben.

Doch sagt uns das Wort nur etwas über die Person Jesu, über seine Bedeutung für unsere Erlösung oder sagt es uns auch etwas über unseren Weg, bietet es uns eine Theologie des Wanderns? Wir müssen uns davor hüten, solche Bildworte zu verflüchtigen. Wenn Jesus sich als den Weg bezeichnet, so muss das Bild auf dem Erfahrungshintergrund des Wanderns verstanden werden. Und vielleicht kann einem ein solches Wort nur in seiner ganzen Tiefe aufgehen, wenn man es gehend meditiert, wenn man die Reflexion an das Tun bindet, über das man reflektiert. Das Gehen befruchtet das Nachdenken, und das Nachdenken lässt unser Gehen anders werden. Es deckt uns auf, was wir eigentlich tun, wenn wir bewusst gehen.

Christus ist der Weg, den ich gehe. Wenn die Pilger an Wallfahrtsorten den Kreuzweg beten, indem sie ihn selbst abschreiten, so ahnen sie dabei, dass sie durch diesen Weg Christus nahekommen, ihm begegnen und in seine Gesinnung, in seinen Geist hineingehen. Ein anderes Beispiel: Wenn wir heilige Wege gehen, ausgetretene, ehrwürdige Pfade, dann spüren wir auch, dass wir an den Erfahrungen der Menschen teilhaben, die vor uns diese Wege gegangen sind.

Diese Erfahrung können wir auf jeden Weg übertragen. Indem wir gehen, gehen wir immer Christus nach, gehen wir den Weg Jesu zum Vater. Jeder Weg ist ein Stück Kreuzweg, ein Stück Weg über den Tod zur Auferstehung, ein Stück Weg zum Vater. Indem wir gehen, sind wir in Christus, ist Christus in uns. Er ist der Weg, er ist die Bewegung zum Vater. Und nicht die Kraft unserer Füße bringt uns dem Vater näher, sondern nur die Verbundenheit mit Christus, das Gehen in Christus.

Seit dem Mittelalter gibt es mancherorts den Brauch, den Weg zu einem Wallfahrtsort mit seinem ganzen Leib abzumessen. Man bewegt sich dadurch fort, dass man sich zur Erde wirft und die Beine jedes Mal dort wieder ansetzt, wo eben noch der Kopf lag.[57] Vielleicht steht hinter diesem Brauch der Glaube daran, dass der Weg selbst heilig ist, dass wir auf dem Wege und im Weg Jesus begegnen.

Indem wir gehen, sind wir bei Christus, der selbst der Weg ist. Auf dem Wege zu sein bedeutet dann auch immer, in Christus zu sein. Solange wir auf dem Weg sind, sind wir in ihm. Christus begegnet uns nicht nur im Bruder, nicht nur in der Schöpfung und nicht nur in den Sakramenten der Kirche, sondern auch auf dem Weg. Wer einen Weg wirklich »geht«, ihn bewusst geht, begegnet darin Christus und wird in seine Bewegung zum Vater hineingenommen.

Jeder Weg ist ein Wandlungsweg, ein Mysterienweg. Die Riten der Völker, in denen sie in das Geheimnis Gottes eingeweiht wurden, waren ursprünglich Wege. Die Frühmenschen wagten sich auf gefährlichen Wegen in die oft tief im Inneren der Berge liegenden Höhlen hinein, die ihnen als Kultorte dienten. Erich Neumann, der die Entstehung des Ritus von der Psychologie her beschreibt, spricht vom Archetyp des Mysterienweges, »an dessen Ende ein Wandlungsgeschehen steht. Dieser Wandlungsort aber ist nur auf einem Einweihungsweg zu erreichen, der durch ein todesträchtig gefährliches Labyrinth führt, in dem keine Bewusstseins-Orientierung möglich ist.«[58]

Die Labyrinthe, die man in mittelalterlichen Kathedralen findet – und die auch in jüngerer Zeit wieder an vielen spirituellen Orten entstanden sind, zum Beispiel auch bei uns in Münsterschwarzach –, künden noch von dieser Erfahrung des Ritus als eines Weges in das Innere der Höhle, in der man die Erleuchtung und Wandlung erhoffte. Man geht das Labyrinth, seine vielen Verschlingungen und Kehren, um sich innerlich zu wandeln. Den Weg zu gehen bedeutet also auch, am Mysterium der Verwandlung teilzuhaben. Für Christen ist der Ritus die Teilhabe an Tod und Auferstehung Jesu. Jesus ist dabei der Weg, der sie durch den Tod zur Auferstehung, zur wahren Erleuchtung, zur Teilhabe am ewigen Leben führt.

Jeder, der bewusst geht, begeht letztlich einen Ritus; er geht in die Verwandlung durch Tod und Auferstehung Jesu hinein. Für Neumann werden im Gehen der Gehende und der Weg eins. Das Gehen führt zur Individuation, zur Selbstverwirklichung, zum Einswerden mit sich selbst und mit Gott: »Das ganze Leben erweist sich als ein Ritual. Ritus heißt ja gehen, und im Zentrum des Individuationsprozesses steht die Erfahrung, dass die Riten und der die Riten Vollziehende, der Gehende und der Weg ein und derselbe sind, oder dass, um es paradox zu formulieren, der Gehende der Weg ist, der sich selbst geht.«[59] Von daher wird vielleicht verständlich, was Jesus letztlich sagen will mit seinem Wort: »Ich bin der Weg.« Jesus ist unser Weg, auf dem wir gehend verwandelt werden, auf dem wir in sein Mysterium von Tod und Auferstehung hineingehen und so zum Vater kommen, zur ewigen Wohnung im Haus des Vaters.

Der Hebräerbrief

Das Grundthema des Hebräerbriefes ist das des wandernden Gottesvolkes. »Der Verfasser versteht die christliche Gemeinde wesentlich als Gemeinde unterwegs.«[60] Die Christen sind wie die Israeliten auf dem Weg durch die Wüste in das verheißene Land. Doch im Gegensatz zu den Israeliten, die ihr Herz verhärteten und sich dem Wort Gottes verschlossen, sollen die Christen sich für das Wort öffnen, das ihnen die Gewissheit gibt, dass sie in die Sabbatruhe Gottes eingehen werden. Das Ziel ihrer Glaubenswanderung ist die Ruhe bei Gott.

Hier klingt ein Motiv an, das an die Paradieserzählung anknüpft. Dort konnten die Menschen ruhen, wohnen, bei Gott sein. Seit der Vertreibung aus dem Paradies ist unser Schicksal der Weg. Wir müssen gehen, wir können nicht wohnen, nicht ausruhen. Dieser Weg ist beschwerlich, so beschwerlich, dass der Verfasser des Hebräerbriefes der Gemeinde auf ihrem Weg Mut zusprechen muss. Sie soll trotz aller Anfechtung weitergehen. Der Weg wird ans Ziel führen, wenn sie sich an Christus und seine Verheißungen bindet.

Christus ist der Vorläufer auf unserem Weg. Er ist den Weg vorausgegangen. Als Hohepriester ist er eingetreten in den Himmel, in das Heiligtum Gottes. Durch seinen Tod am Kreuz hat er uns den Zugang zum Thron der Gnade eröffnet. Und er lässt uns nicht allein, sondern tritt fürbittend für uns ein. Als König und Hohepriester zugleich ist er der Anführer und Vollender des Glaubens geworden, der uns vorausgegangen ist auf dem Weg der Schmach, damit wir ihm mutig nachfolgen. So ermahnt der Verfasser die Gemeinde auf dem Weg: »Lasst uns mit Ausdauer in dem Wettkampf laufen, der vor uns liegt, und dabei auf Jesus blicken, den Urheber und Vollender des Glaubens; er hat angesichts der vor ihm liegenden Freude das Kreuz auf sich genommen, ohne auf die Schande zu achten, und sich zur Rechten von Gottes Thron gesetzt« (Hebräer 12,1f).

Die Gemeinde ist angefochten wie Christus. Doch sie soll auf das Ziel schauen, das Christus als der Anführer des Glaubens bereits erreicht hat. Das Ziel liegt im Jenseits. Es ist der Himmel. Und es liegt vor uns, in der Zukunft. Die christliche Existenz ist wesentlich Wanderschaft auf das ewige Ziel hin. Die Gemeinde kann dabei, »wenn sie auf dem Weg bleibt, den Christus ihr vorausgegangen ist, ihres Heiles sicher sein«[61]. So sollen Christen zuversichtlich ihren Weg gehen: »So haben wir die Zuversicht, Brüder und Schwestern, durch das Blut Jesu in das Heiligtum einzutreten. Er hat uns den neuen und lebendigen Weg erschlossen durch den Vorhang hindurch, das heißt durch sein Fleisch. Und da wir einen Hohepriester haben, der über das Haus Gottes gestellt ist, lasst uns mit aufrichtigem Herzen und in voller Gewissheit des Glaubens hinzutreten« (Hebräer 10,19–22).

Als Vorbild für die »getroste Wanderschaft«[62] der christlichen Gemeinde führt der Hebräerbrief eine Reihe von Zeugen auf, die sich alle im Glauben auf den Weg gemacht haben, die ausgezogen sind aus dem Vertrauten und Gewohnten, um nach einer mühsamen und beschwerlichen Glaubenswanderschaft einzugehen in die Ruhe Gottes, in das Heiligtum Gottes, in die neue Stadt. Da wird Abraham gepriesen, wie er im Glauben auszog, ohne zu wissen, wohin er kommen wird, wie er sich im Glauben als Fremdling im Land der Verheißung niederließ. Abraham blieb zeit seines Lebens Fremdling. Nichts gehörte ihm im Land der Verheißung, außer seiner Grabstätte Machpela bei Hebron. Erst im Tod endet seine Fremdlingschaft: »Aufgrund des Glaubens siedelte er im verheißenen Land wie in der Fremde und wohnte mit Isaak und Jakob, den Miterben derselben Verheißung, in Zelten; denn er erwartete die Stadt mit den festen Grundmauern, die Gott selbst geplant und gebaut hat« (Hebräer 11,9f).

Wie Abraham waren auch seine Nachkommen unterwegs in das Land der Verheißung, »und haben die Verheißungen nicht erlangt, sondern sie nur von fern geschaut und gegrüßt und sie haben bekannt, dass sie Fremde und Gäste auf Erden sind. Und die, die solches sagen, geben zu erkennen, dass sie eine Heimat suchen. Hätten sie dabei an die Heimat gedacht, aus der sie weggezogen waren, so wäre ihnen Zeit geblieben zurückzukehren; nun aber streben sie nach einer besseren Heimat, nämlich der himmlischen« (Hebräer 11,13–16).

Das Beispiel der Väter soll die Christen ermutigen, damit ihre erschlafften Hände und wankenden Knie wieder fest und stark werden (Hebräer 12,12) und sie voll Zuversicht ihren Weg gehen. Sie sollen sich von den zahlreichen Anfechtungen, von Leid und Trübsal nicht davon abhalten lassen, den Weg zur himmlischen Heimat mit Eifer und Freude weiterzugehen. Das Beispiel Jesu zeigt ihnen, dass ihr Weg notwendig durch eine Kampf- und Todeszone geht, die nur im Aufblick zu Christus und sein Kreuz bestanden werden kann. Ja, sie sollen bewusst hinausgehen zu Jesus vor das Lager, um seine Schmach mit ihm zu tragen (Hebräer 13,13). Denn Jesus hat vor den Toren gelitten, außerhalb des Lagers, also in der Profanität und Säkularität der Welt. Daher ist die Nachfolge Christi mitten in der Welt, mitten im oft so gottfernen Alltag zu leisten. Dort sollen die Christen den Weg Jesu gehen. Sie sollen auf die himmlische Heimat zugehen und mitten in der Welt doch die Welt hinter sich lassen, sie durchwandern wie Fremdlinge und Pilger: »Denn wir haben hier keine bleibende Stadt, sondern wir suchen die zukünftige« (Hebräer 13,14).

Ernst Käsemann und mit ihm viele andere Exegeten haben für das Motiv des wandernden Gottesvolkes Parallelen beim jüdischen Philosophen Philo von Alexandrien und in der Gnosis gefunden. Bei Philo ist das Grundthema das Schreiten des Menschen auf einem Wege, der der königliche genannt wird. Auf ihm kehrt der Mensch heim in die himmlische Heimat, in der er ausruhen darf. Es ist ein Weg, auf dem der Mensch neu geboren und vergöttlicht wird. Auf diesem Weg muss er alles Irdische und Sinnenhafte hinter sich lassen und sich nur von der Weisheit führen lassen. Wie die Wanderschaft des Gottesvolkes, so ist auch der Königsweg ein Kampf. Der Wanderer muss sich fragen, ob er bereit ist, alles hinter sich zu lassen, »was der Erscheinungswelt angehört und als irdisches Gut betrachtet wird«[63]. Er darf nicht aus der göttlichen Ordnung heraustreten und zur feigen Lust überlaufen.

Ähnlich sieht die Gnosis die Himmelsreise der Seele. Hier lebt die Seele in der Fremdlingschaft. Ihr Ziel ist das Heimathaus, der Ort des Lichts, das Haus des Lebens, das Haus der Vollendung, das große erste Vaterhaus.[64] Auf dem Weg gilt der Erlöser als Führer und Helfer, der die Seele zur Lichtwelt begleitet. Wie weit der Hebräerbrief von diesen beiden Strömungen abhängt, lässt sich nicht sicher sagen. Es muss gar keine Abhängigkeit sein, da es sich hier um urmenschliche Bilder, um Archetypen handelt, mit denen Menschen aller Religionen ihr Leben gedeutet und verstanden haben. Wir sind auf dem Weg zur Heimat, und auf diesem Wege haben wir zu kämpfen. Aber es ist uns einer vorangegangen, der durch den Tod hindurch schon zum Leben gelangt ist und auch uns zum Leben führen wird, zur Ruhe in Gott, zum Vaterhaus.

Die Theologie des Hebräerbriefes steht in einer Reihe mit vielen Entwürfen unseres Lebens als Weg zu Gott. Erinnert sei an Bonaventuras »*Itinerarium mentis ad deum*« (Pilgerweg der Seele zu Gott), an Bunyans Pilgerreise, die das ganze Leben unter dem Bild des Weges beschreibt, an den Prolog in der Regel Benedikts, der das Leben eines Mönchs als einen Weg bezeichnet, den man mit weitem Herzen und in der Süßigkeit der Liebe läuft. Das Bild des Weges für das menschliche Leben ist in allen Religionen verbreitet. Für die chinesische Tradition ist *Tao* der Weg, der Gang des Alls, die natürliche Weltordnung, der der Mensch in seinem Leben entsprechen muss. Im alten Indien ist *marga* der Heilsweg, der ein Weg der Werke, der Erkenntnis, der leiblich-seelischen Übung (*yoga-marga*) oder ein Weg der Gottesliebe sein kann. Buddha lehrt den achtgliedrigen heiligen Pfad. Und die christliche Mystik kennt im Anschluss an die hellenistischen Mysterienreligionen den dreifachen Weg der Reinigung, Erleuchtung und Einigung.[65]

Das Leben – ein Weg, um anzukommen

Wenn man sich fragt, warum in allen Religionen der Weg als Bild für das menschliche Leben genommen wird, so wird man darauf stoßen, dass die Erfahrungen, die Menschen auf dem Wege gemacht haben und immer noch machen, so tief gehen, dass sie für die menschliche Existenz schlechthin gelten. Es geht also beim Wandern nicht nur um eine Fortbewegung, nicht nur um körperliche Ertüchtigung, um sinnvolle Freizeitbeschäftigung, sondern es werden beim Gehen die tiefsten Schichten des menschlichen Bewusstseins angesprochen. Der Mensch erfährt sich selbst als einen, der wesentlich auf dem Weg ist. Er hat hier keine letzte Bleibe. Der Tod stellt jede Heimat in Frage. Er zeigt dem Menschen, dass er in der Welt im Grund ein Fremdling ist, der nach einer ewigen Heimat sucht, wo er sich endgültig niederlassen kann. Der Mensch spürt, dass er auf seinem Weg immer weiter muss, dass er nicht stehenbleiben kann, ohne mit sich selbst uneins zu werden. Wenn er sich treu bleiben will, so muss er gehen. Wenn er Mensch werden will, muss er sich wandernd wandeln, um im Tod als der letzten Wandlung vom Leben ganz durchdrungen und verwandelt zu werden. Dann hat er seine Bestimmung erfüllt, dann ist er angekommen, daheim.

Der Mensch ist nicht bei sich zu Hause, sondern er ist auf dem Weg nach Hause. Und er wird dort nur ankommen, wenn er aus sich selbst auszieht und sich auf den Weg zu Gott macht, der ihn anzieht und so lange auf den Weg schickt, bis er sich nicht mehr bei Vorläufigem aufhält, sondern bei Gott selbst ankommt und bei ihm für ewig daheim ist.

Anmerkungen

Sofern nicht anders vermerkt sind die Psalmtexte nach: Münsterschwarzacher Psalter, Münsterschwarzach 2002, alle anderen Bibeltexte nach: Einheitsübersetzung der Heiligen Schrift, Stuttgart 2016.

1 Carl Gustav Jung, Gesammelte Werke, Band 13, Olten 1978, S. 28f.

2 Vgl. Albert Kitzler, Vom Glück des Wanderns. Eine philosophische Wegbegleitung, München 2019, S. 24.

3 Vgl. Martin Heidegger, Der Feldweg, Frankfurt am Main, 7. Auflage 1983, S. 5–7.

4 Paulo Coelho, Auf dem Jakobsweg. Tagebuch einer Pilgerreise nach Santiago de Compostela, Zürich 2007.

5 Carl Gustav Jung, Gesammelte Werke, Band 5, Olten 1973, S. 258.

6 Novalis, Heinrich von Ofterdingen. Zweiter Teil, Die Erfüllung, Das Kloster oder der Vorhof, Astralis

7 John O'Donohue, Schönheit. Das Buch vom Reichtum des Lebens, München 2004, S. 273.

8 Ebd., S. 272.

9 John O'Donohue, Landschaft der Seele, München 2000, S. 61.

10 Vgl. hierzu: Gustav Stählin, *xenos*, in: Theologisches Wörterbuch zum Neuen Testament V, Stuttgart 1954, S. 1–35.

11 Ebd., S. 25.

12 Ebd., S. 30.

13 Vgl. Arnold Everhard Angenendt, Monachi Peregrini. Studien zu Pirmin und den monastischen Vorstellungen des frühen Mittelalters, München 1972, S. 127–144.

14 Mabillon V, 588f, zitiert bei Jean Leclercq, Monachisme et Pérégrination. Aux sources de la spiritualité occidentale, Paris 1964, S. 66.

15 Mabillon I, 372,5, zitiert bei Jean Leclercq, Mönchtum und Peregrinatio im Frühmittelalter, Römische Quartalsschrift 55 (1960), S. 217.

16 Mabillon III, 425, zitiert bei Leclercq, Monachisme et Pérégrination. Aux sources de la spiritualité occidentale, Paris 1964, S. 64.

17 Vita Columbani II, 23, zitiert bei Arnold Everhard Angenendt, Monachi Peregrini. Studien zu Pirmin und den monastischen Vorstellungen des frühen Mittelalters, München 1972, S. 138.

18 Vgl. zum Folgenden: Arnold Everhard Angenendt, Monachi Peregrini. Studien zu Pirmin und den monastischen Vorstellungen des frühen Mittelalters, München 1972, 127ff.

19 Johannes Cassian: Unterredungen mit den Vätern (Collationes patrum), Teil 1: Collationes 1–10 (Quellen der Spiritualität, Band 5), übersetzt und erläutert von Gabriele Ziegler, mit einer Einleitung und farbigen Abbildungen von Georges Descœudres, Münsterschwarzach 2., durchgesehene und ergänzte Auflage 2018; hier Collatio III,6

20 Vgl. Ambrosius, De Abraham II, 1, zitiert bei Arnold Everhard Angenendt, Monachi Peregrini. Studien zu Pirmin und den monastischen Vorstellungen des frühen Mittelalters, München 1972, S. 129.

21 De vitis patrum liber septimus sive verba seniorum, in: Jacques Paul Migne. Patrologiae Cursus Completus. Series Latina (PL) 73,1051.

22 Vgl. Jean Leclercq, Mönchtum und Peregrinatio im Frühmittelalter, Römische Quartalsschrift 55 (1960), S. 219.

23 Vgl. Jean Leclercq, Monachisme et Pérégrination: Aux sources de la spiritualité occidentale, Paris 1964, S. 65.

24 Augustinus, Quaestiones in Leviticum 23,3, zitiert bei Jean Leclercq, Mönchtum und Peregrinatio im Frühmittelalter, Römische Quartalsschrift 55 (1960), S. 214.

25 Vgl. Bonifatius, Epistola 38, zitiert bei Arnold Everhard Angenendt, Monachi Peregrini. Studien zu Pirmin und den monastischen Vorstellungen des frühen Mittelalters, München 1972, S. 144.

26 Apophthegma 167, in: Apophthegmata Patrum. Teil I: Das Alphabetikon – Die alphabetisch-anonyme Reihe (Weisungen der Väter, Band 14), herausgegeben von Erich Schweitzer, Beuron, 2. Auflage 2020.

27 Zitiert in: Norddeutscher Wanderer, S. 56 (1981), Titelblatt.

28 Vgl. Les sentences des pères du désert II, herausgegeben von Lucien Regnault, Solesmes, 2. Auflage 1977, S. 129, N 592/62.

29 Vgl. Der Große Duden, Bd. 7, Herkunftswörterbuch: »Wandern«.

30 Vgl. Origenes, Homiliae in Numeros 17,5, zitiert bei Raymond Oursel und Claude Jean-Nesmy, Die Pilgerwege nach Compostela durch Frankreich und Spanien, Würzburg 1990, S. 11.

31 Augustinus, Sermo 169, zitiert bei Raymond Oursel und Claude Jean-Nesmy, Die Pilgerwege nach Compostela durch Frankreich und Spanien, Würzburg 1990, S. 12.

32 Vgl. Beda, Historia ecclesiastica gentis Anglorum III, 19, zitiert bei bei Arnold Everhard Angenendt, Monachi Peregrini. Studien zu Pirmin und den monastischen Vorstellungen des frühen Mittelalters, München 1972, S. 147.

33 Hans von Campenhausen, Die asketische Heimatlosigkeit im altkirchlichen und frühmittelalterlichen Mönchtum, Tübingen 1930.

34 Vgl. bei Arnold Everhard Angenendt, Monachi Peregrini. Studien zu Pirmin und den monastischen Vorstellungen des frühen Mittelalters, München 1972, S. 154.

35 Augustinus, Enarrationes in psalmos 66, zitiert bei Raymond Oursel und Claude Jean-Nesmy, Die Pilgerwege nach Compostela durch Frankreich und Spanien, Würzburg 1990, S. 12.

36 Augustinus, Sermo 256, zitiert in: Lektionar zum Stundenbuch II/3, Freiburg im Breisgau 1980, S. 22.

37 Zitiert bei Raymond Oursel und Claude Jean Nesmy, Die Pilgerwege nach Compostela durch Frankreich und Spanien, Würzburg 1990, S. 52.

38 Novalis, Heinrich von Ofterdingen. Zweiter Teil, Die Erfüllung, Das Kloster oder der Vorhof, Astralis

39 Carl Gustav Jung, Gesammelte Werke, Band V, Olten 1973, S. 258.

40 Vgl. Bernhard Kötting, Peregrinatio religiosa. Wallfahrten in der Antike und das Pilgerwesen der alten Kirche, Münster 1950, S. 11.

41 Vgl. ebd., S. 302.

42 Vgl. Thomas Ohm, Die Gebetsgebärde des Gehens. Ex contemplatione loqui. Gesammelte Aufsätze, Münster 1961, S. 376–385.

43 Vgl. Ebd., S. 378.

44 Ebd., S. 382.

45 Thomas Ohm, Die Gebetsgebärden der Völker und das Christentum, Leiden 1948, S. 316f.

46 Vgl. F. Hauck und S. Schulz, *poreuomai,* in: Theologisches Wörterbuch zum Neuen Testament VI, S. 570.

47 Aufrichtige Erzählungen eines russischen Pilgers, herausgegeben von Emmanuel Jungclausen, Freiburg im Breisgau, 2. Auflage 1975.

48 Vgl. Thomas Ohm, Die Gebetsgebärde des Gehens, S. 383.

49 Herbert Haag, Wanderung und Wandlung. Die Lebensform des Glaubenden, München 1973, S. 45.

50 Vgl. ebd., S. 46.

51 Vgl. Walter Grundmann, Das Evangelium nach Lukas, Berlin, 4. Auflage 1966, S. 27f.

52 Vgl. ebd., S. 200.

53 Vgl. G. Ebel, Wandel/Weg, in: Theologisches Begriffslexikon zum Neuen Testament, herausgegeben von Lothar Coenen, Bd. II/2, Wuppertal 1971, S. 1358ff.

54 Vgl. Walter Grundmann, Das Evangelium nach Matthäus, Berlin 1968, S. 231.

55 Vgl. G. Ebel, Wandel/Weg, in: Theologisches Begriffslexikon zum Neuen Testament, herausgegeben von Lothar Coenen, Bd. II/2, Wuppertal 1971, S. 1362.

56 Augustinus, In Johannis evangelium tractatus CXXIV 9, CC 319, zitiert bei Rudolf Schnackenburg, das Johannesevangelium, III. Teil, Freiburg im Breisgau 1975, S. 73.

57 Vgl. Johann Peter Steffes, Wallfahrt in allgemeiner religionswissenschaftlicher Bedeutung, in: Georg Schreiber (Hrsg.), Wallfahrt und Volkstum in Geschichte und Leben, Düsseldorf 1934, S. 199f.

58 Erich Neumann, Kulturentwicklung und Religion, Zürich 1953, S. 10.

59 Ebd., S. 63.

60 Elisabeth Fiorenza, Der Anführer und Vollender des Glaubens. Zum theologischen Verständnis des Hebräerbriefes, in: Josef Schreiner und Gerhard Dautzenberg (Hrsg.), Gestalt und Anspruch des Neuen Testaments, Würzburg 1969, S. 266.

61 Ebd., S. 275.

62 Ernst Käsemann, Das wandernde Gottesvolk. Eine Untersuchung zum Hebräerbrief, Göttingen, 3. Auflage 1959, S. 24.

63 Ebd., S. 50.

64 Vgl. ebd., S. 54.

65 Vgl. Friedrich Heiler, Erscheinungsformen und Wesen der Religion, Stuttgart 1961, S. 147f.

Anselm Grün
Vertraue
dem
Leben
VIER TÜRME

Anselm Grün

Vertraue dem Leben

128 Seiten, gebunden, 12,0 x 19,5 cm
ISBN 978-3-7365-0517-9

Wir leben in einer Zeit, in der uns die Nachrichten, die täglich auf uns einstürmen, verunsichern und Angst machen – Angst vor Krieg, vor Vertreibung, vor Armut, vor Katastrophen, Angst vor der eigenen Zukunft und der Zukunft unserer Welt.

Anselm Grün gelingt es in diesem Buch, die Perspektive zu wechseln und mit dem Leser nicht auf das zu schauen, was schwierig und vielleicht unlösbar ist, sondern auf die Ressourcen, die wir haben, auf die wir zurückgreifen können und die uns wieder ins Gleichgewicht bringen. Denn jeder von uns hat schon schwierige Zeiten erlebt, durchlebt und gemeistert. Jeder hat Stärken, Fähigkeiten, mit denen er etwas zum Besseren verändern kann – man muss sie nur (wieder) entdecken.

Ein Buch, das Zuversicht und Kraft gibt in diesen manchmal so schwierigen und unsicheren Zeiten.

**Bibliografische Information
der Deutschen Nationalbibliothek**

Die Deutsche Nationalbibliothek verzeichnet diese
Publikation in der Deutschen Nationalbibliografie.
Detaillierte bibliografische Daten sind im Internet über
http://dnb.d-nb.de abrufbar.

Ohne Folie
Für unsere Umwelt

FSC
www.fsc.org
MIX
Papier | Fördert
gute Waldnutzung
FSC® C014889

in Deutschland
produziert

2. Auflage 2024

*Erweiterte und überarbeitete Neuausgabe der 1983 unter dem Titel
»Auf dem Wege – Zu einer Theologie des Wanderns« erschienenen
Münsterschwarzacher Kleinschrift (Band 22).*

Lektorat: Marlene Fritsch
Umschlaggestaltung: wunderlichundweigand
Umschlagfoto © Tobias Kreissl, München
Druck und Bindung: Pustet, Regensburg

ISBN 978-3-7365-0561-2
www.vier-tuerme-verlag.de